Sabine König

Zwischen Realität und Ideal

Volkswirtschaft

Band 2

LIT

Sabine König

(Ole Nydal - Anhängerin?)

Zwischen Realität und Ideal

Zur Vereinbarkeit
von buddhistischer Ideologie und Marktwirtschaft

LIT

Bibliografische Information Der Deutschen Bibliothek

Die Deutsche Bibliothek verzeichnet diese Publikation in der Deutschen
Nationalbibliografie; detaillierte bibliografische Daten sind im Internet
über http://dnb.ddb.de abrufbar.

ISBN 3-8258-7536-9

© **LIT** VERLAG Münster   2004

Grevener Str./Fresnostr. 2   48159 Münster
Tel. 0251–23 50 91   Fax 0251–23 19 72
e-Mail: lit@lit-verlag.de   http://www.lit-verlag.de

Für Yeshe

Inhalt

VORWORT

Wir leben in einer Zeit, in der immer wieder das Schlagwort vom bevorstehenden „Kampf der Kulturen" durch den gesellschaftlichen Diskurs geistert. Jedoch mangelt es oft an sachlichen Argumenten, stattdessen stehen sich diffuse Ängste – vor dem Fremden und der Veränderung einerseits, und vor mangelnder ‚political correctness' andererseits – in der Diskussion gegenüber. Die Vereinbarkeit von unterschiedlichen Weltanschauungen mit wirtschaftlichen und politischen Systemen ist in jedem Fall ein hochaktuelles Thema. Ich möchte in dieser Arbeit zeigen, dass eine sachliche Analyse dieser Fragestellung zu konkreten Ergebnissen führt und es erlaubt, sowohl Konfliktpunkte als auch Synergien zu lokalisieren und zu begründen. Voraussetzung dafür ist eine genaue Kenntnis beider zu vergleichender Systeme. Nachdem ich sowohl Wirtschaftswissenschaft als auch buddhistische Philosophie studiert habe, war diese Fragestellung zunächst eine ganz persönliche, die mich über Jahre begleitet hat. Hier ist sie aber so weit abstrahiert, dass das vorliegende Buch auf die gesellschaftliche Relevanz abstellt.

Diesem Buch liegt nicht nur meine Arbeit zugrunde, sondern die Mithilfe vieler Lehrer und Freunde. Mein intuitives Verständnis der buddhistischen Lehre verdanke ich vor allem dem 17. Karmapa Trinley Thaye Dorje, der eine stetige Inspiration ist, sowie Lama Ole Nydahl, der sich besonders um die Entwicklung eines spezifisch westlichen Buddhismus verdient gemacht und Hunderte von Kontaktstellen für Interessierte geschaffen hat. Die für dieses Buch notwendigen Kenntnisse buddhistischer Philosophie verdanke ich allen voran Khenpo Chödrag Tenphel Rinpoche, sowie den anderen Lehrern des Karmapa International Buddhist Institutes in New Delhi, besonders Khenpo Tsültrim, Khenpo Ngedön, Khenpo Chöchok und Khenpo Tsering, sowie den westlichen Übersetzern und Lehrern Hannah Nydahl, Manfred Seegers und Tina Draszczyk.

Auf der wirtschaftswissenschaftlichen Seite danke ich den Menschen an der Universität Witten/Herdecke dafür, dass interdisziplinarisches Denken immer gefördert wurde und ich bei meiner Arbeit an „exotischen Themen" alle erdenkliche Unterstützung erhielt. Dieser Dank gilt vor allem Professor Birger Priddat und Heman Agrawal.

Ganz besonders verpflichtet bin ich meinen Freunden, die den Mut hatten, die erste Version des Textes in der notwendigen Schärfe zu kritisieren und es mir so ermöglichten, diese Arbeit deutlich zu verbessern. Mein Dank geht an Christopher Braun, Katrin Wulf, Dr. Volker Stein, Heike Hessler und Stefanie Schmidt.

Auf der praktischen Seite gilt mein allergrößter Dank meinem Mann, meiner Mutter und Isuna Liebertz, ohne deren tatkräftige Hilfe bei der Kinderbetreuung ich nie die Zeit gefunden hätte, meine Gedanken zu Papier zu bringen.

Hamburg, im Januar 2004

1 EINLEITUNG

Im Rahmen der Erforschung der volkswirtschaftlichen Entwicklung hat es immer wieder Tendenzen gegeben, die Wirtschaftssubjekte von der Annahme der streng rationalen Nutzenmaximierung zu befreien, und damit die ökonomische Theorie der menschlichen Realität näher zu bringen. Vor allem die neue Institutionenökonomik hat sich dies in jüngerer Zeit zur Aufgabe gemacht. Denn nur unter Einbezug der kulturellen Normen und Institutionen lassen sich die unterschiedlichen Entwicklungen, Probleme und Fragestellungen unterschiedlicher Gesellschaften erklären.

Im Rahmen der Globalisierung ist es zu einem größeren, breiteren und schnelleren Austausch zwischen den Einwohnern aller Staaten weltweit gekommen. Technischer Fortschritt der Transportmittel begünstigte Güteraustausch, globalen Handel und Tourismus. Fortschritt in der Kommunikationstechnik ermöglichte die Fernkommunikation und den weltweiten Zugang zu und Austausch von Informationen. Dieser vermehrte Austausch führt weltweit zu einer Dynamisierung des Wettbewerbs und zu einer erhöhten Konvergenz der Kulturen.

Doch wie bereits in der Antike, werden auf Handelswegen nicht nur Güter transportiert, sondern auch Weltanschauungen, Lebensphilosophien und Werte. Dieser Austausch ist niemals einseitig, sondern reziprok. Die Kulturen der Länder, die miteinander im Austausch stehen, erfahren durch den Kontakt und die Auseinandersetzung mit dem jeweils anderen eine Veränderung. Dabei kann man heute vor allem zwei Entwicklungen beobachten. Einerseits wird von immer mehr Ländern das marktwirtschaftliche System europäischer oder nordamerikanischer Prägung übernommen und stellt diese Länder vor die Frage, wie sie es mit ihrer bestehenden Kultur, ihrer Weltanschauung und ihren Institutionen vereinbaren können. Andererseits sind auch in Europa die Einflüsse fremder Kulturen deutlich sichtbar. Vor allem seit Beginn der 70er-Jahre ist hier etwas entstanden, was Helmut Zinser (1997) den „Markt der Religionen" nennt. So ist „Religion" inzwischen kein einender Faktor der Gesellschaft mehr, sondern von jedem frei wählbar. Diese Wahl wird von vielen Menschen aktiv getroffen, und zwar nicht nur zwischen den „einheimischen" Weltanschauungen, sondern auch zwischen den aus anderen Kulturen stammenden.

Der Buddhismus ist die Weltanschauung, die in Deutschland den meisten Zuwachs verzeichnet. Die Zahl der Buddhisten in Deutschland wird von der Deutschen Buddhistischen Union (DBU) auf etwa 100.000 deutsche Buddhisten und 120.000 hier lebende Buddhisten asiatischer Herkunft geschätzt.[1]

---

[1] Stand der Information: Juni 2001, www.dharma.de. Da der Buddhismus in Deutschland nicht offiziell als Religion anerkannt ist, liegen keine gesicherten Zahlen über die Buddhisten in Deutschland vor, sondern nur Schätzungen.

Wenn Menschen, die aus der europäischen Kultur stammen und in einer Marktwirtschaft leben, eine buddhistische Weltanschauung übernehmen, ergibt sich die Fragestellung nach der Vereinbarkeit der beiden, wie sie ähnlich auch in buddhistischen Ländern besteht, die ihrerseits die Marktwirtschaft übernehmen. Ich spreche hier von „ähnlicher" Fragestellung, da es auch einige bedeutende Unterschiede gibt. Da westliche Buddhisten nur einen kleinen Prozentsatz ihrer jeweiligen Gesellschaft ausmachen, und darüber hinaus politisch nicht organisiert sind, besteht für sie nicht die Möglichkeit, die externen Institutionen wesentlich zu beeinflussen und ihrer buddhistischen Anschauung anzupassen. Die Frage nach der Vereinbarkeit buddhistischer Ethik mit marktwirtschaftlichem Handeln stellt sich demnach auf individueller Ebene. Der westliche Buddhist wird seine ökonomische Umwelt aus buddhistischer Sicht interpretieren, und seine persönlichen Entscheidungen dementsprechend anpassen. Es lässt sich unterstellen, dass es sich dabei um einen bewussten Vorgang handelt, weil ein Europäer seinen Zugang zum Buddhismus in der Regel nicht durch seine Erziehung erhält, sondern über die buddhistische Philosophie, von der er sich zu einem Zeitpunkt seines Lebens angesprochen fühlt, und die er nach eingehender Prüfung für sich als gültig übernimmt. Da es sich hierbei um einen bewussten Vorgang handelt, ist zu vermuten, dass es sich ebenfalls bei dem Abgleich von individueller Lebenswelt und der neu angenommenen Sichtweise um einen bewussten Prozess handelt.

Es handelt sich hierbei um ein institutionenökonomisch bisher wenig beachtetes Phänomen, nämlich den Austausch interner Institutionen unter der Beibehaltung der externen Ordnung sowie der kulturellen Normen und Werte. Hierbei kommt es zu dem, was Aoki (2001) als „institutionelle Krise" bezeichnet: die Frage nach der Vereinbarkeit der verschiedenen Institutionengefüge. Die Frage nach der Vereinbarkeit von buddhistischer Ethik und marktwirtschaftlicher Ordnung ist dabei nicht nur ein theoretisches Problem, sondern für praktizierende Buddhisten von sehr praktischer Relevanz. Auch umgekehrt – aus gesellschaftlicher Perspektive – lohnt es sich, die Frage nach der Vereinbarkeit explizit zu stellen.

Die Institutionenökonomik hat die Tatsache zurück ins Bewusstsein geholt, dass das Funktionieren der Marktwirtschaft nicht auf einem Naturgesetzt beruht, und sich somit nicht automatisch einstellt. Der Markt braucht einen institutionellen Rahmen, der ihn garantiert, und dieser Rahmen beruht wiederum auf den geteilten mentalen Modellen der Gesellschaft, auf ihrer Weltanschauung inklusive der grundlegenden Ziele und Werte. Findet nun ein Austausch der Weltanschauung statt, kommt es zu einem Konflikt auf genau dieser Ebene der Ziele und Werte, und damit in Folge auch zu Auswirkungen auf die Marktwirtschaft.

3

1.1 Fragestellung

Ideologien im Sinne Norths (1992, 28) sind Modelle und Theorien, über die ein jeder verfügt und mit deren Hilfe er seine Umwelt selektiv wahrnimmt, ordnet und interpretiert, und die auch wesentlichen Einfluss darauf haben, welche Reaktionen auf die Umwelt ein Akteur als legitim betrachtet. Ein Akteur kann nicht zu einer Zeit zwei unterschiedliche Ideologien parallel verwenden. Daraus folgt, dass Ideologien die Eigenschaft haben, keine andere Ideologie neben sich bestehen zu lassen, sondern jede andere ihrem eigenen Denkschema unterordnen. Die westlich pluralistische Gesellschaft wagt nun den Versuch, eine Vielzahl unterschiedlicher Ideologien nebeneinander bestehen zu lassen. Somit bilden sich innerhalb der Gesellschaft um verschiedene Ideologien herum Gruppen. In diesem Zuge muss es zu Konflikten zwischen Gruppenideologie und Gesellschaftsideologie kommen. Wie stark dieser Konflikt ist, hängt davon ab, wie sehr sich die Modelle unterscheiden. Aus diesem Grund ist es notwendig, die Frage der Vereinbarkeit explizit zu stellen.

In dieser Arbeit setze ich mich mit der institutionellen Vereinbarkeit von Buddhismus und Marktwirtschaft auseinander. Dazu werde ich zunächst den westlichen Buddhismus aus institutionenökonomischer Sicht betrachten, um dann gezielter auf die Vereinbarkeit auf der Ebene der Grundlagen der Marktwirtschaft eingehen. Im Folgenden schließt sich ein Überblick darüber an, welche Auffassung von Institutionen der Buddhismus vertritt. Um vom Abstrakten ins Konkrete zu gehen, folgt eine Diskussion buddhistischer Handlungsbeschränkungen und –empfehlungen, bei der herausgestellt wird, wo es Übereinstimmung und wo es Konflikte zwischen beiden Weltanschauungen gibt.

1.2 Buddhismus

1.2.1 Was ist Buddhismus?

1.2.1.1 Buddhismus als Religion

Wenn man die These aufstellt, dass sich das Praktizieren des Buddhismus auch auf das wirtschaftliche Verhalten eines Menschen auswirkt, dann ist es wichtig zu verstehen, was der Buddhismus für den Praktizierenden bedeutet, und wie dies in Verbindung zu wirtschaftlichem Handeln gebracht werden kann. Als Einleitung in das Thema möchte ich an dieser Stelle einen kurzen Abriss des Buddhismus liefern, um dem Leser einen ersten Überblick zu ermöglichen. Dabei werde ich ausschließlich auf die für die folgende Diskussion relevanten Punkte abheben, da es die Komplexität des Gebietes nicht erlaubt, einen vollständigen Überblick über den Buddhismus im Rahmen dieser Arbeit zu geben. Weitergehende Erläuterungen, vor allem die philosophischen Schulen betreffend, finden sich im Anhang.

Im allgemeinen Sprachgebrauch wird der Buddhismus den Religionen zugeordnet. Diese Zuordnung ist jedoch missverständlich, da sich der Buddhismus in wesentlichen Merkmalen von anderen Religionen unterscheidet. Vor allem lässt sich der Buddhismus nur schwer bis gar nicht unter einer so genannten „Nominaldefinition"[2] der Religion fassen. Nominaldefinitionen nennen die Lehre von der Existenz göttlicher Wesen als Kriterium für Religion, während Funktionaldefinitionen[3] „Religion" über deren Funktion in der Gesellschaft definieren. Da ich in dieser Arbeit einen institutionenökonomischen Ansatz wähle, ergibt sich zwangsläufig die Frage nach der Funktion, die die buddhistische Lehre für den einzelnen Akteur erfüllt. Die Frage nach der Funktion stellt North, wenn er sich mit den Themen ‚Ideologie' und ‚mentale Modelle' auseinander setzt (vgl. Denzau/North, 1994). Aus Sicht der Religionswissenschaft wird dieser Ansatz wegen der Abgrenzungsschwäche[4] von ‚Religion' zu anderen Ideologien kritisiert. Aus meiner Sicht eröffnet diese „Schwäche" aber ein sehr großes Diskussions- und Erklärungspotenzial, und ist damit die eigentliche Stärke.

Wie definiert sich der Buddhismus aus der Innensicht? Anagarika Govinda drückt sein Verständnis so aus: "Es wird oft die Frage aufgeworfen, ob der Buddhismus eine Religion, eine Philosophie, ein psychologisches System oder eine reine Morallehre sei. Die Antwort hierauf ließe sich etwas folgendermaßen formulieren: Als Erlebnis und Weg der praktischen Verwirklichung ist der Buddhismus eine Religion; als gedankliche Formulierung dieses Erlebens ist er eine Philosophie; als Resultat systematischer Selbstbeobachtung ist er Psychologie; und aus diesem allem ergibt sich eine Norm des Verhaltens, die wir innerlich als Ethik, von außen gesehen als Moral bezeichnen." (Govinda, 1992, 1).

---

[2] „Die empirischen Einwände weisen in der Regel auf religiöse Systeme hin, die keine übermenschlichen Wesen kennen. [...] Bekanntlich enthält die Lehre des Buddha, wie sie uns im Pali-Kanon überliefert ist, keine Götterlehre oder ähnliches, wie es sonst für Religionen üblich ist. Ist der Theravada-Buddhismus somit keine Religion? Bisher sind alle Wissenschaftler vor dieser Konsequenz zurückgeschreckt und haben es vorgezogen, ihre Definition so zu modifizieren, dass der Theravada-Buddhismus doch noch hineinpasst. Spiro gibt dagegen unumwunden die Möglichkeit zu, dass dieser Buddhismus tatsächlich nicht als Religion zu bezeichnen wäre, wenn gesichert ist, dass übermenschliche Wesen in diesem System nicht vorkommen." (Kehrer, 1988, 22).

[3] Ein Beispiel hierfür sei die Definition von Y.M. Yinger: „Religion ... can be defined as a system of beliefs and practices by means of which a group of people struggles with (the) ultimate problems of human life. It expresses their refusal to capitulate to death, to give up in the face of frustration, to allow hostility to tear apart their human associations. The quality of being religious ... implies two things: first, a belief that evil, pain, bewilderment, and injustice are fundamental facts of existence, and second, a set of practices and related sanctified beliefs that express a conviction that man can ultimately be saved from those facts." (Yinger, Y.M.: „The Scientific Study of Religion", S. 7, zitiert in Kehrer, 1988, 24).

[4] „Wenn man eine funktionale Definition wählt, also danach fragt, was Religion leistet, so wird man letztendlich alle Institutionen, die diese Funktion leisten, als Religion bezeichnen, d. h. es kann per definitionem keine Gesellschaft ohne Religion geben, während eine substantielle Definition enger gefasst ist und deshalb definitorisch die Möglichkeit einer religionslosen Gesellschaft zulässt." Wählt man eine funktionale Definition von Religion, so wird eine Abgrenzung zu zum Beispiel politischen Überzeugungen einerseits oder Metaphysik andererseits schwierig (vgl. Kehrer, 1988, 21).

Die Buddhisten bezeichnen ihre Lehre allgemein als „Dharma", exakter als „Buddha-Dharma". Dieses Sanskritwort hat sehr unterschiedliche, komplexe Bedeutungen[5], im Zusammenhang mit der Lehre Buddhas wird es am besten mit „wie die Dinge sind" übersetzt, z. B. von Ole Nydahl in seinem gleichnamigen Buch (Nydahl, 1994, 14): „Was also ist Buddhismus? Das Wort, das Buddhas Lehre am besten beschreibt, hat er damals selbst verwendet: „Dharma" [...] bedeutet: Wie die Dinge sind.".

Aus dieser Wortwahl kann man den Anspruch des Buddhismus ableiten, die Welt erklären zu wollen, die äußere wie innere gleichermaßen. Damit hält er dem Anspruch in Yingers Religionsdefinition stand, die existenziellen Sinnfragen des menschlichen Daseins aufzugreifen, und geht in seiner Komplexität sogar noch darüber hinaus. Ebenso bietet er konkrete Praktiken, wie das von allen Menschen unerwünschte Leid zu vermeiden und dauerhaftes Glück zu erlangen sei. Die Ordnung und Deutung innerer und äußerer Phänomene ist erklärtes Ziel vor allem der Abhidharma- (höheres Wissen) und Prajnaparamita- (befreiende Weisheit) Lehren des Buddhas[6]. Somit lässt sich der Buddhismus vor allem als „organisierte Ideologie" im Sinne Norths verstehen: „Unter Ideologie verstehe ich die subjektiven Wahrnehmungen (Modelle, Theorien), über die alle Menschen verfügen, um sich ihre Welt zu erklären. Gleichgültig, ob wir uns auf dem Mikroniveau individueller Beziehungen oder auf dem Makroniveau organisierter Ideologien befinden, die integrierte Erklärungen von Vergangenheit und Gegenwart bieten, wie der Kommunismus oder die Religionen, die *Theorien*, die die Menschen sich konstruieren sind von normativen Vorstellungen darüber, wie die Welt geordnet sein sollte, *gefärbt*." (North, 1992, 28).

1.2.1.2 Die Vier Edlen Wahrheiten

Der Buddhismus ist damit für den Buddhisten die Brille, durch die er die Welt sieht. Dass die Weltdeutung die zentrale Funktion der buddhistischen Lehre ist, zeigt sich schon in deren Aufbau. Von allen buddhistischen Schulen gleichermaßen werden die von Buddha bei seiner ersten Lehrrede vorgestellten Vier Edlen Wahrheiten als zentrale These oder Zusammenfassung der buddhistischen Lehre anerkannt. Sie lauten[7]:

---

[5] Siehe auch Glossar der buddhistischen Begriffe im Anhang.

[6] die herausragendsten Kommentare zu den Abhidharma Lehren sind für den Mahayana das „Abhidharmasamuccaya" von Asanga und für den Hinayana das „Abhidharmakośa" von Vasubandhu. In der tibetischen Tradition ist das Werk „Gateway to Knowledge" (mkhas pa'i tshul la jug pa'i sgo zhes bya ba'i bstan bcos bzhugs so, kurz: mkhas jug) von Jamgön Mipham Rinpoche besonders bedeutend.

[7] Hierzu gibt es etwa ebenso viele Quellen wie buddhistische Bücher. Ich fasse die Vier Edlen Wahrheiten hier in meinen eigenen Worten (in Anlehnung an Gampopa, 1996) zusammen. Eine vollständige Übersetzung der überlieferten Lehrrede findet sich bei Frauwallner (1969, 10–18).

1. Die Wahrheit des Leidens: die auf Täuschung beruhende (samsarische) Existenz ist vom Leiden nicht zu trennen. Auf dieser Ebene empfundenes Glück ist nicht dauerhaft und beinhaltet damit schon späteres Leid.

2. Die Wahrheit von der Ursache des Leidens: die grundlegende Unwissenheit der Wesen bezüglich der wahren Natur ihres Geistes und der wahrgenommenen Phänomene sind Ursache der Täuschung, die zu den Grundübeln Hass, Begierde und Verblendung führt, und damit Ursache des Leids ist.

3. Die Wahrheit von der Beendigung des Leidens: nach Überwinden von Unwissenheit und Täuschung wird die wahre Natur des Geistes erfahren, die frei von Leid ist und dauerhaftes Glück bedeutet (Nirvana).

4. Die Wahrheit des Weges: beschreibt, wie man von Zustand der Unwissenheit und Täuschung zum Zustand dauerhaften Glücks gelangt. Dieser Weg besteht aus dem Edlen Achtfachen Pfad, der die entsprechende geistige Einstellung, Meditationspraxis und das Umsetzen im Alltag umfasst.

Hieraus wird deutlich, dass ein System, das die Wurzel allen Übels in der Unwissenheit über die Beschaffenheit des eigenen Geistes und der äußeren Welt sieht, zwangsläufig sein Hauptaugenmerk auf die Vermittlung der „richtigen" Anschauungen diesbezüglich richten muss. Das bedeutet, dass der Buddhismus den Anspruch an sich selbst hat, den Geist und die Welt zu erklären, und zwar in ganz umfassender Art und Weise. Der Buddhist wird diese Erklärungen zur Deutung seiner eigenen Person und seiner Umwelt heranziehen. Somit ist erwiesen, dass sich eine buddhistische Weltdeutung auch auf wirtschaftliches Verhalten auswirken wird, und nicht auf der Stufe eines Hobbys stehen bleibt, das von anderen Aktivitäten eines Akteurs zu trennen wäre.

Auf der Ebene des einzelnen Akteurs handelt es sich um ein „mentales Modell" (Denzau/North, 1994). Nydahl bestätigt dies aus der Innensicht des Buddhismus: „Buddhas Lehre dagegen arbeitet ganzheitlich. Sie bewirkt in uns eine dauerhafte Veränderung, weil sie den Schlüssel zu dem liefert, was jeden Tag in einem und um einen herum geschieht." (Nydahl, 1994, 12).

Im Folgenden werde ich argumentieren, dass sich ideologiegeleitetes Verhalten im Wesentlichen verstehen lässt, wenn man das Ziel der Ideologie und den vorgeschlagenen Weg dorthin untersucht. Von daher ist es notwendig, einige relevante Aussagen zum Ziel des Buddhismus zu machen. Eine wesentliche Aussage wurde so bereits getroffen: es gibt ein absolutes Ziel im Buddhismus – die ‚Erleuchtung' – und einen konkret beschriebenen Weg, der dorthin führen soll. Die zugrunde liegende Denkweise unterscheidet sich damit nicht von der ökonomischen. In der Ökonomik wird ebenfalls ein Ziel formuliert – z. B. Wirtschaftswachstum – und Wege beschrieben, wie dies zu erreichen sei. Das buddhistische Ziel der Erleuchtung hat jedoch metaphysischen Charakter, und steht damit im Gegensatz zu einem ökonomischen Ansatz.

Für die folgende Argumentation ist die Feststellung am wichtigsten, dass nach buddhistischer Auffassung der Zustand der Erleuchtung – und damit „höchstes Glück" – dann erreicht wird, wenn dualistisches Erleben überwunden ist (vgl. Nydahl, 1994, 22f.). Somit ist das Ziel, nicht mehr zwischen ‚Subjekt' und ‚Objekt', ‚ich' und ‚andere', zwischen ‚innen' und ‚außen' zu unterscheiden (vgl. Seegers, 2002, 186). Das Erfahren jeglicher begrifflicher Unterscheidungen und Gegensätze ist zu überwinden. Wie wir sehen werden, hat diese Hypothese direkte Auswirkungen auf die Nutzenfunktion und ist die Begründung dafür, warum der Buddhismus eine altruistische Einstellung für so erstrebenswert hält. Die im weiteren Verlauf dieser Arbeit aufgezeigten Differenzen der Weltanschauungen und deren Implikationen lassen sich im Wesentlichen auf die Frage zurückführen, ob zur Erreichung des maximalen Nutzenniveaus die Überwindung dualistischen Erlebens für nötig (oder überhaupt für möglich) gehalten wird oder nicht.

1.2.1.3 Wer ist Buddhist?

Der Buddhismus selbst definiert einen Buddhisten als einen Menschen, der „Zuflucht zu den drei Juwelen", dem Buddha, seiner Lehre (Dharma) und der buddhistischen Gemeinschaft (Sangha) nimmt[8] (Dalai Lama, 1999, 13). „Zuflucht nehmen" bedeutet „Schutz vor Leid suchen", und basiert auf der buddhistischen Annahme, das letztendlich alle Wesen Glück erleben und Leid vermeiden wollen. Wozu man „Zuflucht nimmt", bedeutet damit, wo man sein Glück sucht. Das wiederum lässt sich verstehen als: auf welches zentrale Ziel ein Akteur sein Leben ausrichtet. Ein Buddhist ist demnach jemand, dessen zentrales Lebensziel es ist, dem Zustand eines Buddha (Erleuchtung) näher zu kommen, der zu diesem Zweck die vom Buddha gelehrten Methoden anwendet und darin von der buddhistischen Gemeinschaft unterstützt wird. Diese Definition macht deutlich, dass ein Buddhist nur solange Buddhist ist, wie er die buddhistische Weltsicht praktiziert, oder aus institutionenökonomischer Sicht: solange wie er sich seine Welt mithilfe der buddhistischen Ideologie erklärt, und sich seine Handlungsziele mit dieser Ideologie im Hintergrund normativ setzt.

---

[8] „Wie werden Buddhisten und Nicht-Buddhisten voneinander unterschieden? Vom Gesichtspunkt der Zuflucht aus betrachtet, ist ein Buddhist jemand, der Buddha, seine Lehre und die Geistige Gemeinschaft als höchste Zuflucht annimmt." (Dalai Lama, 2000, 13)

2 METHODISCHE GRUNDLAGEN UND BEGRIFFE

2.1 Ökonomische Einordnung / Methode

Die neoklassische Ökonomik betrachtet Marktinteraktionen von vollkommen rationalen und informierten Individuen, und schließt damit die Relevanz von Handlungsbeschränkungen oder Verhaltensmustern aus. Damit gibt es aus dieser Sicht keinen Bezugspunkt zu dem, was der Buddhismus darstellt. Er gehört einfach nicht zum Raum neoklassischer Betrachtung. Aus buddhistischer Sicht ließe sich dieses Ignorieren kritisieren. Damit wäre aber wenig Erklärendes gewonnen.

Des Weiteren gibt es Vertreter wie Iannaccone, die Religionen aus der Perspektive der Rational Choice Theorie betrachten (z. B. Iannaccone, 1997). So lassen sich zwar einige Phänomene erhellen[9], aber gerade wenn es darum geht, den westlichen Buddhismus im Allgemeinen und sein Verhältnis zur Ökonomie im Besonderen zu klären, liefert dieser Ansatz nicht die richtigen Werkzeuge. Vor allem trägt er nicht der Tatsache Rechnung, dass der Buddhismus als inklusivistische Religion die ökonomischen Bereiche des Lebens einbezieht und seinen eigenen Regeln unterordnet. Eine Trennung zwischen profanen und sakralen Handlungen kennt der Buddhismus nicht, und kann damit auch keine unabhängige ökonomische Theorie zulassen. Hier stoßen wir auf einen fundamentalen Unterschied zwischen „westlichem" und „östlichem" Denken. Während die westliche Wissenschaft in „entweder – oder" kategorisiert, denkt der Buddhismus „sowohl – als auch" (vgl. Nydahl 1994). Nach westlicher Einordnung ist eine Handlung entweder profan oder sakral – nach buddhistischer Auffassung kann sie sowohl profan als auch gleichzeitig sakral sein. Ohne diesen Unterschied zu verstehen, lassen sich die Auswirkungen der buddhistischen Ideologie auf wirtschaftliches Handeln nicht begreifen. Da der Rational Choice Ansatz aber genau das nicht erfassen kann, ist er nicht geeignet, die Wesensart asiatischer[10] Religionen oder Philosophien und damit die wirklich relevanten Faktoren zu analysieren.

Ich möchte stattdessen die (für westliche Buddhisten relevante) Frage nach der Vereinbarkeit von buddhistischen Konzepten und denen der ökonomischen Theorie stellen. Die Analyse muss also einen Vergleich der grundlegenden Konzepte liefern und feststellen, wo sie übereinstimmen, und wo sie abweichen. Hierbei ist es hilfreich, die Methoden der Institutionenökonomik anzuwenden. Da der

---

[9] Z. B. warum Mönche glaubwürdiger sind, wenn sie keinen Besitz haben dürfen, und dass die enge Verknüpfung von Staat und Religion (staatliches Monopol) zu wenig wünschenswerten Ergebnissen führt (vgl. Iannaccone 1997).
[10] Die Nicht-Trennbarkeit des Religiösen und Weltlichen besteht z. B. auch im Hinduismus.

Buddhismus wesentliche Annahmen zur Funktionsweise von Regeln teilt, dieser Denkansatz also quasi beiden Theorien gemein ist, hinterlässt er nicht das fade Gefühl, etwas völlig Fremdes überzustülpen und damit überhaupt nur die halbe Wahrheit erfassen zu können.

Der Buddhismus lässt sich als Ideologie im Sinne Norths verstehen, sein Regelwerk und dessen Auswirkungen auf ökonomische Handlungen lässt sich analysieren. Konzepte wie methodologischer Individualismus, mentale Modelle, Pfadabhängigkeit und selbst das Eigennutzenaxiom werden im Großen und Ganzen von der Institutionenökonomik und der buddhistischen Lehre geteilt. Der wirklich wesentliche Unterschied besteht dagegen in der Definition dessen, was „Nutzen" ist, sowie in den Annahmen darüber, wie er maximiert werden kann. Ein solche Analyse verspricht die größte Aussagekraft.

2.1.1 Ideologievergleich

Aus diesen einleitenden Bemerkungen wird deutlich, dass es in dieser Arbeit nicht um einen Religionsvergleich[11] geht. Stattdessen gehe ich davon aus, dass die moderne Ökonomik sich so weit verselbstständigt hat, dass sie bereits selbst den Status einer Ideologie erreicht hat. Karpe (1997, 21) schreibt: „Die verhaltenswissenschaftlich orientierte, moderne Ökonomik weitet ihr Forschungsinteresse vielmehr auf traditionell außerhalb der ökonomischen Gegenstandbereiche liegende Gebiete aus. In diesem Sinne wird die Ökonomik imperialistisch. [...] Nicht mehr *was*, sondern *wie* die Ökonomik analysiert, stellt das Abgrenzungskriterium zu anderen Wissenschaften dar." Nach Bürgin (1993, 17) erscheint „die Ökonomisierung der Analyse des gesamten Daseins in Griffnähe.".

Die Ökonomie hat in der heutigen westlichen Gesellschaft einen herausragenden Stellenwert sowohl im Leben der Einzelnen als auch im gesellschaftlichen Diskurs. North (1992, 28) versteht unter einer Ideologie „die subjektiven Wahrnehmungen (Modelle, Theorien), über die alle Menschen verfügen, um sich ihre Welt zu erklären. [...] Die *Theorien*, die die Menschen sich konstruieren, sind von normativen Vorstellungen darüber, wie die Welt geordnet sein sollte, *gefärbt*." Dies trifft wie gesehen auf den Buddhismus zu, aber gleichermaßen auf die Ökonomik, wenn man Bürgin folgt: „Die moderne Welt gebar im Zuge der Ausformung der bürgerlich-kapitalistischen Gesellschaft die Vorstellung, dass die Wirtschaft ihre eigenen Gesetzlichkeiten besäße, die die Beziehungen und den Zusammenhalt innerhalb der Wirtschaftsgesellschaft regulieren und bestimmen, ähnlich wie die Natur durch naturwissenschaftliche Gesetze. Aber in dieser gemeinten Form gibt es keine der Wirtschaft – *jeder* Wirtschaft – imma-

---

[11] Genauso wenig ist es die Zielsetzung dieser Arbeit, bestimmte, der ökonomischen Theorie zugrunde liegende Prinzipien in Beziehung zu christlichen Lehrtraditionen zu setzen, wie dies von Max Weber getan wurde. Diese Analysen sind für die Entstehungsgeschichte der Ökonomik relevant, ich gehe aber davon aus, dass die Ökonomik sich inzwischen soweit verselbstständigt hat, dass sie als eigene, unabhängige Theorie aufgefasst werden muss.

nenten Gesetze. Die historische und historisch bedingte Herausbildung von sich auf Märkten konkurrenzierenden privaten Warenproduzenten und des damit verbundenen Verwertungsstrebens der Kapitalien schuf nicht nur Mechanismen oder Regulatoren im Sinne von Preis- und Marktmechanismen, sondern auch Institutionen und Vorkehrungen, die das Spielen dieser Mechanismen gewährleisten sollen. *Beides sind indessen von Menschen geschaffene Verhältnisse. Die Menschen sind Theoretiker ihres eigenen Werkes, nicht Analytiker eines Naturgesetzes.*" (Bürgin, 1993, 20).

Diese Aussage Bürgins verdeutlicht, dass die Ausrichtung der Gesellschaft auf Wirtschaftswachstum und Effizienz kein Zweck an sich ist, sondern nur durch einen gesellschaftlichen Konsens gerechtfertigt werden kann. Sie ist normativ. Somit ist auch die ökonomische Theorie eine Ideologie, die herangezogen wird, um „sich die Welt zu erklären", und die, wenn man durch ihre Brille blickt, das Gesehene selektiv wahrnimmt, ordnet und „färbt".

2.1.2 Bindeglied ‚Moral'

Wie wir gesehen haben, lässt sich aus Sicht der neoklassischen Ökonomie kein sinnvoller Bezug zum Buddhismus herstellen, und eine Analyse auf der Grundlage der Rational-Choice-Theorie hat ihre ‚blinden Flecken' genau an den interessanten Stellen. Nur mithilfe der Institutionenökonomik lässt sich ein relevanter Bezug zwischen Ökonomie und Buddhismus schaffen, indem man den Buddhismus als Ideologie im Sinne Norths definiert und seine Handlungsbeschränkungen untersucht. Ein anderes Wort für ‚Handlungsbeschränkungen' ist Moral, denn ihre Funktion ist es, aus der Menge aller Handlungsoptionen diejenigen auszuschließen, die als „schlecht" erachtet werden. Es lässt sich also feststellen, dass die Institutionenökonomik unter anderem über die Moral auf ideologische Systeme bezug nimmt.

Die klassische Ökonomie dagegen ignoriert die Relevanz von Moral, da sie sich mit der Funktionsweise des vollkommenen Marktes beschäftigt. Tatsächlich ist auf einem vollkommenen Markt die Moral überflüssig, da unter den gesetzten Prämissen nur in Win-win-Situationen Verträge zustande kommen, und damit opportunistisches Verhalten definitionsgemäß ausgeschlossen ist. Daraus allerdings zu schließen, dass in einer realen Marktwirtschaft Moral überflüssig sei, ist aus zwei Gründen falsch. Zum einen ist der vollkommene Markt in der Realität fast nicht existent, und auf nicht vollkommenen Märkten haben Regeln, die Opportunismus einschränken oder verhindern, durchaus ihre Daseinsberechtigung.

Zum anderen ist es nicht selbstverständlich, dass sich eine Gesellschaft überhaupt darauf verständigt, ihre Güterallokation über den Markt vorzunehmen. Auf dem Markt erfolgt der Wettbewerb über Produkt und Preis. Wer das beste Produkt zu einem gegebenen Preis, oder ein gegebenes Produkt zum geringsten

Preis anbietet, gewinnt. Sich darauf zu verständigen verlangt einen gesellschaftlichen Konsens. Sich an diesen Konsens zu halten, verlangt Moral. Denn opportunistisches Verhalten besteht meistens genau darin, den Markt als Allokationsmechanismus zu umgehen, z. B. durch Korruption, Raub oder Diebstahl.

Was für die klassische Ökonomik nicht relevant war, hat die Institutionenökonomik zu ihrem zentralen Thema gemacht, und erkennt damit die Relevanz von Handlungsbeschränkungen. Untersucht werden hier die wirtschaftlichen Auswirkungen formaler und informeller Institutionen. Zwar kann nicht der komplette Buddhismus mit dieser Methodik erfasst werden, es ergeben sich aber relevante Berührungspunkte, an denen eine Diskussion ansetzen kann.

Das gilt auch in umgekehrter Richtung. Der Buddhismus kennt keine ökonomische Theorie, sondern bewegt sich auf der sehr abstrakten Ebene richtigen Handelns (im Sinne von Handlungen, die zu Glück führen). Wenn der Buddhismus also auf die Ökonomie Bezug nimmt, dann erfolgt das ebenfalls über Moral, indem er seine generellen Handlungsprämissen auf ökonomische Handlungen überträgt.

2.2 Grundlegende ökonomische Konzepte und ihre Entsprechung im Buddhismus

2.2.1 Zur Bedeutung von Regeln

„Institutionen sind die Spielregeln einer Gesellschaft oder, förmlicher ausgedrückt, die von Menschen erdachten Beschränkungen menschlicher Interaktion.", definiert North (1992, 3). Er hebt mit seiner Definition auf die gesellschaftliche Ebene ab, während Aoki mit seiner Einteilung in ‚cognitive and decision rules' vor allem die Ebene des einzelnen Akteurs im Blick hat: „As defined, the actual mental programs of any individual at any point in time are composed of a bundle of cognitive and decision rules."(Aoki, 2001, 134). Diese beiden Sichtweisen widersprechen sich nicht, sondern legen jeweils einen anderen Schwerpunkt der Analyse. Von beiden Standpunkten aus betrachtet lassen sich interessante Aussagen über das buddhistische Regelgefüge treffen. Die Einteilung Aokis erklärt die Funktionsweise der buddhistischen Ideologie, die sich problemlos in kognitive und Entscheidungsregeln unterteilen lässt. Eine Einteilung nach North ist dagegen nicht einfach vorzunehmen. Daran wird aber weniger ein Mangel in Norths Theorie deutlich, sondern vielmehr das Konfliktpotenzial, das zwischen dem Einzelnen, der die buddhistischen Institutionen übernimmt, und der unveränderten Gesellschaft entsteht. Somit sind beide Modelle geeignet, wesentliche Aspekte zu erhellen, weshalb sich eine ausführliche Diskussion anschließt.

Nach Aoki (2001, 134) gibt es kognitive Regeln, mit deren Hilfe die Umwelt interpretiert wird, und Entscheidungsregeln, mit deren Hilfe die eigenen Reaktionen auf die Umwelt ausgewählt werden. Diese Einteilung lässt sich problemlos auf die buddhistische Lehre übertragen. Der ‚Edle Achtfache Pfad' teilt sich in Erkenntnis (prajña), Moral (sīla), und Meditation (samādhi)[12] (vgl. Govinda, 1992, 85). Vernachlässigt man hier den Aspekt der Meditation, der letztendlich eine Internalisierungsmethode darstellt, lässt sich ‚Erkenntnis' mit den kognitiven Regeln und ‚Moral' mit den Entscheidungsregeln in Verbindung bringen. Meines Erachtens wirken besonders die Lehren über Leerheit, Vergänglichkeit, Leidhaftigkeit der Ich-Illusion, Kultivierung von Mitgefühl etc., auf kognitive Prozesse ein. Auch die Meditation zielt in diesem Zusammenhang auf eine Änderung der Wahrnehmung, da mit ihrer Hilfe die im buddhistischen Sinne „richtige" Sichtweise internalisiert wird. Nach buddhistischer Aussage liegt der einzige Unterschied zwischen Samsara und Nirwana, also zwischen Leid und Glück, in der Beschaffenheit der kognitiven Prozesse[13].

Aus den kognitiven Regeln heraus ergeben sich im Buddhismus die Entscheidungsregeln. Nach Govinda „ist Sittlichkeit für den Buddhisten nur der praktische Ausdruck seines Erkenntnisniveaus" (Govinda, 1992, 89). Aoki formuliert es formaler: „cognitive rules that are used by him or her to form interpretative representations of the relevant situations from cognitive inputs (digital data, written reports, icons, conversations, observed gestures, and expressions) etc., and decision rules that are used to make a choice from a set of feasible actions based on the interpretative representation of the situation." (Aoki, 2001, 132) Im Rahmen des buddhistischen Lehrgebäudes stellen in erster Linie die Lehre über Karma, aber auch die sechs befreienden Handlungen (Paramitas) Entscheidungsregeln dar, die der Buddhist zu Hilfe nimmt, um seine Reaktionen auf die Umwelt abzuwägen.

Ich möchte die Gliederung Aokis zur Strukturierung dieser Arbeit heranziehen. Kognitive Regeln arbeiten auf einer abstrakteren Ebene als Entscheidungsregeln, sie liefern den Hintergrund und die Begründung für Entscheidungsregeln[14]. Es lässt sich sagen, dass kognitive Regeln sich auf der Meta-Ebene befinden, während Entscheidungsregeln die Ebene konkreter Handlungen betreffen.

---

[12] Aus den „Mahamudra-Wünschen" des 3. Karmapa (siehe Anhang), Vers 8: „...Kernpunkt der Meditation ist es, diese Anschauung unzerstreut aufrecht zu erhalten; hervorragendes Verhalten besteht darin, die Erfahrung der Meditation in allem geschickt zu üben. Mögen wir Sicherheit in Anschauung, Meditation und Verhalten haben!"

[13] Karmapa Rangjung Dorje schreibt in seinen Mahamudra-Wünschen, Vers 13:„Erkennt man das Wesen des Geistes nicht, treibt man im Meer der Verwirrung umher; erkennt man es, ist Buddhaschaft nicht woanders" und in Vers 7:„das zu Reinigende sind die an der Oberfläche liegenden Schleier der falschen Sicht" (Text siehe Anhang).

[14] Dies wird vor allem im Buddhismus so gesehen: „Hierdurch wird klar, dass Moral nicht der Ausgangspunkt, sondern die Folge einer Weltanschauung [...] sein muss. Darum beginnt der ‚achtfache Pfad' des Buddha nicht mit rechter Rede, rechtem Tun und rechter Lebensweise, sondern mit rechter Erkenntnis, d. h. mit der unvoreingenommenen Einsicht in die Natur des Daseins und der Dinge und der sich daraus ergebenden Zielsetzung." (Govinda, 1992, 1).

North unterscheidet in formgebundene und formlose Regeln. Die Kategorisierung buddhistischer Institutionen nach North ist problematisch durchzuführen. Die Ausführungen zu Karma und den befreienden Handlungen (Paramitas) sind schriftlich festgehalten und in vielen Werken präzisiert. Jede aktuelle Interpretation muss sich an der schriftlichen Autorität messen[15].

Gerade am Phänomen ‚westlicher Buddhismus' wird deutlich, wie die buddhistischen Regeln aus den Schriften heraus übernommen und bewusst internalisiert, und nicht durch die Eltern oder die Gesellschaft tradiert werden. Sie fallen also definitiv nicht in die Kategorie der Sitten und Bräuche. Der westliche Buddhismus legt großen Wert darauf, das buddhistische Gebäude möglichst frei von asiatischer Kultur in den Westen zu übertragen. Damit einher geht eine besondere Bedeutung der schriftlichen Quellen. Zugrunde liegt die Prämisse, dass spezifisch buddhistische, kulturunabhängige Anschauungen existieren (vgl. Dalai Lama, 1999, 222).

Es ist ebenfalls unzutreffend, die buddhistischen Regeln als formgebunden zu bezeichnen. Denn ähnlich dem Beitritt zu einem Club ist das Anerkennen der buddhistischen Regeln selbst ein freiwilliger Wahlakt, also eine ‚institutional choice'. Ist diese Anerkennung einmal erfolgt, geschieht die Überwachung des regelkonformen Verhaltens fast ausschließlich intrinsisch. Hieran wird deutlich, dass sich diese Regeln erheblich von z. B. rechtsstaatlichen Gesetzen unterscheiden.

Zusammenfassend lässt sich sagen, dass sich mit Aoki die buddhistischen Institutionen ihrer Funktion nach in kognitive und Entscheidungsregeln ordnen lassen. Der Versuch einer Kategorisierung nach North hingegen zeigt das Spannungsfeld auf, in dem sich der westliche Buddhismus bewegt. Er versucht die Entwirrung der Verflechtung asiatischer Kultur, Sitten und Bräuche mit dem Buddhismus, auf dass eine neue Symbiose von westlicher Kultur und Buddhismus entstehen kann. Dabei wird deutlich, dass er sich weder als formlose noch als formgebundene Institution fassen lässt, sondern mit beidem bricht, und als eigenständiges Regelgefüge sein Verhältnis zu bestehenden formlosen und formgebundenen Institutionen zu definieren versucht.

Allgemein gilt für religiöse Regeln, dass sie außerweltlich legitimiert sind und daher nicht angezweifelt werden dürfen. Das trifft auf den Buddhismus allerdings nur teilweise zu. Tatsächlich ist es nicht möglich, die metaphysische Begründung der buddhistischen Regeln letztendlich objektiv zu beweisen oder zu verwerfen. Sie ist Teil des „continuum of theories that agents can hold and act upon without ever encountering events which lead them to change their theories" (Hahn, 1987, 324; zitiert in: Denzau/North, 1994, 4). Allerdings wurde die Alltagstauglichkeit und Nützlichkeit seiner Regeln für die Entscheidungsfindung

---

[15] Nach buddhistischer Auffassung umfasst die legitime Begründung einer Ansicht drei Aspekte: Bezug auf maßgebliche Texte (schriftliche Autorität), logische Überlegungen und Beispiele (vgl. Gampopa, 1996, 41).

vom Buddha explizit als Bewertungskriterium genannt[16]: „Wie man Gold durch
Brennen, Schneiden und Reiben [auf seine Reinheit untersucht], so sollen die
Mönche und Weisen mein Wort aufgrund sorgfältiger Untersuchung annehmen,
und nicht, um mir Ehre zu erweisen." (Dalai Lama, 1999, 22). Buddhistische
Institutionen müssen also zweierlei Prüfungen standhalten: der logischen Be-
gründung innerhalb des eigenen Systems, und der Nützlichkeit im Alltag (vgl.
Nydahl, 1994, 52).

2.2.2 Methodologische Grundannahmen in der Ökonomie

So wenig einheitlich sich die ökonomische Lehre heute auch darstellt, nach Karpe (1997) gibt es die folgenden Grundannahmen, die allen ökonomischen An-
sätzen gemein sind.

2.2.2.1 Methodologischer Individualismus

Nach Karpe (1997, 22) bedeutet methodologischer Individualismus, dass „alle
Sozialphänomene [...] als Äußerungen bzw. Ergebnisse individuellen Handelns"
gewertet werden. Kollektive werden als aus einzelnen Entscheidungsträgern zu-
sammengesetzte Gruppen angesehen.

Der Buddhismus verfügt über ein ähnliches Konzept, zumindest auf relativer
Ebene, der Ebene der „Realität" (auf absoluter Ebene wird die Trennung von
„ich" und „andere" aufgehoben). Die Annahme, dass Entscheidungen immer auf
der Ebene des Individuums getroffen werden, führt dazu, dass der Buddhismus
all seine pädagogischen Anstrengungen allein auf den Einzelnen richtet, und
auch die buddhistische Praxis völlig individuell ist und unabhängig von anderen
durchgeführt werden kann[17].

Für diese Arbeit bedeutet das, dass ich mein Augenmerk auf die Wahrnehmung
und Wahlhandlungen des individuellen Akteurs richten werde. Mit Wahrnehmung ist dabei insbesondere die Ebene der mentalen Modelle (North) oder kognitiven Regeln (Aoki) des Akteurs gemeint, während ich auf der Ebene der konkreten Wahlhandlungen untersuchen werde, wie buddhistische Entscheidungsregeln (Aoki) - oder Moral - ökonomische Handlungen beeinflussen.

---

[16] In dieselbe Richtung weist auch folgende Empfehlung Buddhas: „1. Stütze Dich nicht auf die Person; stütze Dich auf die Lehre. 2. Was die Lehre angeht, stütze Dich nicht auf die Worte; stütze Dich
auf die Bedeutung. 3. Was die Bedeutung angeht, stütze Dich nicht auf die zu interpretierende Bedeutung; stütze Dich auf die endgültige Bedeutung. 4. Was die endgültige Bedeutung angeht, stütze Dich
nicht auf das [gewöhnliche] Bewusstsein; stütze Dich auf die Ursprüngliche Weisheit." (Dalai Lama,
2000, 22f.).
[17] „Der Buddha selbst sagte: „Ich lehre den Pfad zur Befreiung. Die Befreiung selbst aber ist von dir
abhängig." In demselben Geist sagte der Buddha, dass jeder sein eigener Beschützer sei." (Dalai
Lama, 2000, 13)

2.2.2.2   Typisierung

„Es geht in der Ökonomik allein darum, die allgemeinen Muster bzw. Grundzüge des Verhaltens typisierter Individuen einer Erklärung zugänglich zu machen.", erklärt Karpe (1997, 23). Er ergänzt mit Hayek, dass es um „eine Erklärung im Prinzip" statt um eine „Erklärung im Detail" gehe.

Für diese Arbeit bedeutet das, dass ich theoretisch vorgehe. Es reicht mir, innerhalb der buddhistischen Schriften die weithin anerkannten kognitiven Regeln und Entscheidungsregeln zu identifizieren, und diese auf wirtschaftliche Handlungen zu übertragen. Ich setze dabei voraus, dass jemand, der sich als „Buddhist" bezeichnet, diese Regeln hinreichend internalisiert hat, damit sie in seinen Handlungen zum Tragen kommen. Inwieweit dies im Einzelfall tatsächlich verwirklicht ist, wird vernachlässigt.

2.2.2.3   Eigennutzaxiom

„Ökonomische Modelle individuellen Verhaltens gehen davon aus, dass die Individuen ihren individuellen Nutzen zu erhöhen bzw. individuelle Verschlechterungen abzuwehren versuchen. Dabei wird auf eine utilitaristische Überlegung zurückgegriffen. Diese besagt, dass das Einzige, was um seiner selbst gewünscht werde, letztlich immer etwas wie Befriedigung, Wohlbefinden, Glück oder Ähnliches darstelle – etwas, was sich allgemein mit Nutzen bezeichnen lässt." schreibt Karpe (1997, 24). In buddhistischen Worten hört sich das wie folgt an: „Alle Lebewesen wollen Glück erleben und Leid vermeiden" (Nydahl, 1994, 59). Der Erleuchtungszustand wird als das Erreichen des „doppelten Nutzens"[18] bezeichnet. Damit ist gemeint, gleichzeitig den höchsten Nutzens für sich selbst und für andere zu verwirklichen. So weit die Übereinstimmung.

Große Unterschiede tun sich auf, wenn es um die Definition von „Nutzen" geht, und darum, ob die Menschen immer wissen, durch welche Wahlhandlung sie ihren Nutzen tatsächlich maximieren können, und ob die Nutzenfunktion unabhängig oder abhängig gedacht werden muss. Da dieses komplexe Thema ausführlich diskutiert werden muss, werde ich ihm ein eigenes Kapitel widmen, und die Ausführungen an dieser Stelle beenden.

---

[18] Z. B.: „Buddhahood has the qualities of the two benefits." (Maitreya/Asanga, 2000, 102) oder: „the first three qualities of buddhahood, that is, those of being uncreated, spontaneously present, and not a realization due to extraneous conditions, are the qualities of the dharmakaya, which constitutes the most excellent benefit for oneself. The last three qualities, that is, those of primordial wisdom of knowledge, compassionate love, and ability, are the qualities of the form kayas, which brings about the most excellent benefit for others." (Maitreya/Asanga, 2000, 305).

2.2.3 Mentale Modelle und Ideologie

2.2.3.1   Mentale Modelle

Auf der Basis des gemeinsamen methodologischen Kerns verwendet die Ökonomik verschiedene Verhaltenskonzeptionen, vor allem im Hinblick auf die den
Akteuren unterstellte Rationalität. Karpe klassifiziert in drei Ansätze: den auf
vollständiger Rationalität beruhenden, den von begrenzter Rationalität ausge-
henden, und den kognitionspsychologisch angereicherten Ansatz mentaler Modelle (Karpe, 1997, 26).

Zwischen dem Konzept der mentalen Modelle und der buddhistischen Auffassung von Kognition gibt es wiederum Parallelen, weshalb ich mit diesem Erklä-
rungsansatz arbeiten möchte. In beiden Modellen ist der Einzelne nicht in der
Lage, seine Umwelt objektiv und vollständig zu erfassen, sondern nimmt sie
durch kognitive Prozesse gefiltert und selektiv wahr. Von der Güte seines Modells hängt es ab, ob der Akteur zielführendes Verhalten an den Tag legen kann,
oder nicht.

Was zeichnet nun die Güte eines Modells aus? Karpe schreibt dazu: „In stati-
scher Perspektive hängt dies davon ab, inwieweit die mentalen Modelle, welche
die subjektive Wahrnehmung prägen, die Entscheidungssituationen in Übereinstimmung mit den objektiven Gegebenheiten (der Objektwelt) wiedergeben. In
dynamischer Sicht ist entscheidend, ob und in welchem Maße kognitive Lern-
prozesse stattfinden, sodass sich die subjektiven Perzeptionsmuster an die tatsächlich existierenden Gegebenheiten anpassen." (Karpe, 1997, 35) Diese Aussage entspricht exakt der Sichtweise der buddhistischen Theravada-Tradition[19],
und unterscheidet sich nur leicht von der des Mahayana, die in ihrer Auffassung
radikaler ist. Die philosophischen Schulen des Theravada gehen von der Existenz von Atomen und kleinsten Gewahrseinsmomenten aus, und somit von einer
„real existierenden Außenwelt", die durch die entsprechenden Gewohnheitsmus-
ter gefiltert selektiv wahrgenommen wird. Die beiden philosophischen Schulen
des Mahayana [20]schließen dagegen aus der Aussage, dass niemand in der Lage
ist, eine objektive Außenwelt wahrzunehmen, weil Wahrnehmung immer subjektiv ist, dass überhaupt keine unabhängige Objektwelt existiert[21]. Ihrer Auffassung nach besteht die Objektwelt aus besonders festen gemeinsamen Denkstruk-

---

[19] Erklärungen zu den philosophischen Schulen des Buddhismus finden sich im Anhang.
[20] Cittamatra und Madhyamaka, siehe Erläuterungen im Anhang.
[21] „Blickt man auf die Dinge, sind keine Dinge da: man sieht auf den Geist; blickt man auf den Geist,
ist kein Geist da: er ist seinem Wesen nach leer; durch das Betrachten beider löst sich das Festhalten
an Zweiheit in sich selbst auf." (Mahamudra-Wünsche von Karmapa Rangjung Dorje, Vers 18, siehe
Anhang)

turen und Gewohnheitstendenzen[22] (vgl. Seegers, 2002, 86, oder Nydahl, 1998, z. B. 86f., 117), damit also aus Konventionen und somit letztendlich aus ‚Geist'.

Da dieses Zusammenspiel von Gewohnheitstendenzen und Kommunikation der Individuen allerdings auch immer bestimmten Gesetzmäßigkeiten folgt, behalten auch die Schulen des Mahayana die Sichtweise bei, dass mentale Modelle besser oder schlechter mit den tatsächlichen Gegebenheiten[23] übereinstimmen können. Daher sind diese metaphysischen Details für die weitere Argumentation dieser Arbeit nicht relevant, und werden damit vernachlässigt. Wichtig ist lediglich festzuhalten, dass auch der Buddhismus mentale Modelle danach bewertet, wie gut sie damit übereinstimmten, „wie die Dinge sind". Im Buddhismus bedeutet „wie die Dinge sind" allerdings Dharma[24], in der Ökonomik nicht.

Ich komme zurück auf die zweite Aussage in Karpes Zitat, nämlich auf die Anpassungsprozesse der mentalen Modelle durch Lerneffekte. Die Güte des Modells ist abhängig von den Rückkopplungserfahrungen aus der Umwelt, da nur diese einen Anpassungsprozess einleiten können. Das Ausbleiben dieser Anpassung kann eine dauernde Fehlerhaftigkeit der mentalen Modelle bewirken: „Die Individuen bewerten die Situation mit falschen Modellen, und korrigieren diese im Laufe der Zeit wegen unzureichenden Informationsfeedbacks nicht bzw. nur marginal." (Karpe, 1997, 35) Somit ist irrationales – im Sinne von nicht zielführendem – Verhalten durch schlechte Modelle in komplexen Entscheidungssituationen mit mangelndem Feedback erklärbar.

Auch im Buddhismus werden schlechte mentale Modelle mithilfe mangelnden Feedbacks erklärt. Vor allem im Rahmen der Karma-Theorie kommt es zu der Aussage, dass die Ursache-Wirkungs-Zusammenhänge, auf denen die Welt beruht, derart komplex sind, dass die Akteure leicht die Übersicht verlieren. So kommt es, dass sie in vielen Situationen nicht in der Lage sind, die erlebten Wirkungen den entsprechenden Ursachen zuzuordnen – was mangelnde Rückkopplung bedeutet, und auch aus buddhistischer Sicht die Begründung für dauerhaft falsche mentale Modelle ist. Die Bedrohung durch falsche Anschauungen wird derart ernst genommen, dass sie zu den zehn unheilsamen Handlungen zählen (Gampopa, 1996, 89).

---

[22] „Buddha selbst nannte die Erscheinungswelt eine Wahnvorstellung, einen Regenbogen, eine Luftblase im Wasser, ein Trugbild usw. Eine moderne Sicht wäre die von einem gemeinsamen äußeren Rahmen, der sich aus den unzähligen gemeinsamen Neigungen der Wesen laufend verdichtet, gesehen durch die gefärbten Brillen der eigenen wechselnden Einstellungen. Beide sind karmisch bedingt, beruhen auf Ursache und Wirkung, und man kann sich daraus befreien." (Nydahl, 1998, 117)

[23] Dem entspricht die Sichtweise, dass ein Buddha die Zusammenhänge der Welt nicht schafft, sondern nur entdeckt und verkündet:. Vgl. Anguttara-Nikaya III, 134).

[24] „Dharma" ist auch im Hinduismus ein zentraler Begriff. Buddhistische und hinduistische Interpretation von Dharma unterscheiden sich in wesentlichen Punkten und dürfen nicht verwechselt werden. Die Erläuterung der buddhistischen Begriffsverwendungen findet sich im Glossar. Im Gegensatz zum hinduistischen Dharma-Begriff ist der buddhistische nicht mit einer Gesellschaftsordnung verknüpft und unabhängig vom Ritual.

2.2.3.2 Zusammenhang von mentalen Modellen und Ideologie

Mentale Modelle, Institutionen und Ideologien stehen in direktem Bezug zueinander. „Mentale Modelle, Institutionen und Ideologien wirken alle an dem Prozess mit, in dem Menschen ihre Umwelt deuten und ordnen. Mentale Modelle sind in gewissem Sinn für jeden einzelnen Unikate. Ideologien und Institutionen hingegen werden geschaffen und liefern eher vielen Menschen gemeinsame Wahrnehmungen und Ordnungen ihrer Umwelt." (Denzau/North, 1994, 21)

Der Abgleich zwischen ihnen erfolgt über die Kommunikation: „Erst bei fortwährender Kommunikation zwischen Individuen mit ähnlichem soziokulturellem Hintergrund ist damit zu rechnen, dass innerhalb der entsprechenden Region bzw. Kultursphäre Konsens-Ideologien entstehen, welche wiederum auf die mentalen Modelle zurückwirken. Umgekehrt tendieren die mentalen Modelle dazu, auseinander zu driften, wenn keine durchgehende Kommunikation zwischen Individuen mit einem ähnlichen kulturellen Hintergrund stattfindet (Karpe, 1997, 44, in Anlehnung an Denzau/ North, 1994). Für den westlichen Buddhismus gilt hier der Sonderfall, dass sich die Ideologie nicht aus der bestehenden Kultur entwickelt hat, sondern von außen übernommen wurde. Somit entsprechen sich Kultur und Ideologie nicht zwangsläufig (wo sie kon- und wo sie divergieren, werde ich später zeigen). Die große Bedeutung der Kommunikation ist aber in jedem Fall gegeben. Die am stärksten in Europa wachsende buddhistische Gruppe (Karma Kagyü) legt besonderen Wert auf die Förderung der Kommunikation innerhalb der Gruppe. Der entscheidende Grund dafür ist zweifelsohne die Konvergenz der mentalen Modelle der Gruppenmitglieder, und damit die Stabilisierung der Ideologie bei ihrer Übertragung in den Westen und die Stärkung der Gruppe.

An dieser Stelle möchte ich nochmals auf die Kriterien zur Bewertung von mentalen Modellen und Ideologien zu sprechen kommen. Bildet die Ideologie die Wirklichkeit gut ab, so ist sie eine effiziente und rationale Möglichkeit, Informationskosten einzusparen. In diesem Sinne beschreibt North: „Ideologie ist eine Sparmaßnahme: Mit ihrer Hilfe richtet sich der Einzelne in seiner Umwelt ein; sie liefert eine ‚Weltanschauung', sodass sein Entscheidungsprozess vereinfacht wird." Bildet sie hingegen die Wirklichkeit schlecht ab, so kann sie zu dauerhaft schlechten Ergebnissen führen.

Die Beurteilung eines mentalen Modells kann nur im Hinblick auf das Endziel der übergeordneten Ideologie hin erfolgen, da wir uns in der Diskussion jenseits einer absoluten Bewertungsmöglichkeit befinden. Das Endziel im Buddhismus ist vereinfacht ausgedrückt „Glück". Dazu konsistent ist das Kriterium zur Beurteilung des eigenen mentalen Modells: „Buddhistisch gesehen bedeutet Leid, dass man etwas falsch gemacht hat." (Nydahl, 1998, 67). Es fällt auf, dass dieses Kriterium ebenfalls wie die Effizienz in der Ökonomie versucht zu bewerten, ob das bestehende Modell zu zielführendem Verhalten führt, oder nicht. Dennoch stimmen beide nicht überein, da sich das buddhistische Ziel von dem des Marktes unterscheidet.

Gleichzeitig wird anhand der äußerst abstrakten Kriterien „Glück" und „Leid" der inklusivistische Zug des Buddhismus deutlich. Priddat beschreibt, was das bedeutet: „Ist das institutionelle Weltbild erst einmal etabliert – Norths „Ideologie" -, dann sortieren sich die Handlungsumgebungen neu: der Markt erscheint dann nicht mehr notorisch als Umgebung der Institution, sondern die Institution ist eine Art von „Eigenwelt", die den Rahmen („„frame") liefert für separate individuelle Entscheidungen. Erst diese Erklärung kann die Existenz vieler – aus der Marktperspektive ineffizienter – Institutionen interpretieren. Sie bilden quasi-geschlossene Systeme innerhalb der Marktwelt, die so lange existieren, wie sie als sinnvoll „verstanden" und kommuniziert werden." (Priddat, 1996, 31).

Der Buddhismus ordnet sich den Markt unter und verweigert der Ökonomie die Eigenständigkeit. Bürgin beschreibt einen solchen Zustand für das Christentum im Mittelalter und der Renaissance, sein Fazit lässt sich jedoch problemlos übertragen: „Wo (...) Handeln und Gewerbe städtisches Leben beherrschten, wo sich Fragen über Eigentum, Preis, Zins, Profit, Lohn und Arbeit offen stellten und auch – und vor allem – von der Kanzel herunter diskutiert wurden, ging es immer darum, neue Praktiken der Wirtschaft in das Gesamtsystem christlicher Lehre einzufügen, vor ihr zu rechtfertigen oder sie zu verwerfen. Es wurde eine theologische Frage gestellt und eine theologische Antwort gegeben. Die antike und die mittelalterliche Welt kannte die Vorstellung einer aus sich heraus begriffenen Wirtschaft weder dem Worte noch der Sache nach." (Bürgin, 1993, 23f.). In diesem Sinne bemühen sich auch die westlichen Buddhisten, die bestehenden Institutionen und wirtschaftlichen Praktiken vor dem buddhistischen System zu rechtfertigen oder sie zu verwerfen. Auch der Buddhismus kennt keine unabhängige Ökonomie, sondern lediglich „rechten Lebenserwerb". Daher ist die Diskussion um die Vereinbarkeit eine religiöse, die ausschließlich zum Ziel hat, nicht-konforme *ökonomische* Verhaltensweisen zu verwerfen, und nicht die buddhistische Lehre.

2.2.4 Pfadabhängigkeit

„Verlaufsabhängigkeit heißt, dass die Geschichte von Belang ist. Wir können nicht die Entscheidungen von heute verstehen (...) ohne die schrittweise Entwicklung von Institutionen erkundet zu haben." Dass die heutige Situation das Resultat vorhergehender Entscheidungen und Handlungen ist, ja dass die Geschehnisse in der Welt auf einem Ursache-Wirkungs-Zusammenhang beruhen, ist eine allgemeine menschliche Erfahrung. Dass dies außer Frage steht, meint auch Ackermann, wenn er über das history-matters-Argument schreibt: „Was gemeint ist, kann nicht sein, dass die Welt de facto historisch ist; vielmehr kann es sich nur um eine methodologische Hypothese handeln, dass wir der Geschichtlichkeit der Welt Rechnung tragen sollten, wenn wir Theorien über sie formulieren." (Ackermann, S. 18).

Dass die Institutionenökonomen nicht die Entdecker der Pfadabhängigkeit sind – sondern ihr Verdienst darin besteht, dieses Phänomen in die ökonomische Theorie zu integrieren – erklärt wie es möglich ist, dass sich dieses Konzept in erstaunlich ähnlicher Weise im Buddhismus findet[25]. Dabei verwendet der Buddhismus natürlich andere Bezeichnungen, vor allem den Begriff der „Gewohnheitstendenzen" und der „Anhaftung". Beides steht in engem Zusammenhang mit dem buddhistischen Verständnis der Funktionsweise von Karma.

Ackermann nennt drei Eigenschaften der Pfadabhängigkeit: „Inflexibilität, Nichtvorhersagbarkeit und potenzielle Ineffizienz." (Ackermann, S. 55). Auf die Inflexibilität nimmt der Buddhismus durch die Bezeichnungen „Gewohnheit" und „Anhaftung" bezug (vgl. Nydahl, 1998, 193). Gewohnheit bedeutet, dass sich eine Handlung, die in der Vergangenheit schon häufig ausgeführt wurde, leicht wiederauszuführen ist. Da man weiß „wie es geht", sind die Kosten einer bekannten Reaktion wesentlich geringer, als wenn man eine Handlung ausführt, die man noch nie ausgeführt hat. Daher ist es wahrscheinlicher, dass Menschen Gewohnheiten folgen.

Mit „Anhaftung" bezeichnet der Buddhismus das systematische Überbewerten dessen, was man als „das Eigene" ansieht[26]. In der westlichen Psychologie ist dies als „endowment effect" bekannt (Frey und Stutzer in Anlehnung an Thaler 1980, 22; auch bei Karpe, 1997, 27). Dieses Überbewerten des Eigenen (also auch der eigenen Gewohnheit) erhöht abermals die Kosten einer Gewohnheitsänderung, was zur Persistenz der Gewohnheit beiträgt.

Dennoch spricht der Buddhismus nur von „Gewohnheits*tendenzen*". Das Wort „Tendenz" spielt auf das zweite Kriterium Ackermanns an, die Nichtvorhersagbarkeit. Es ist zwar wahrscheinlich, dass die Menschen ihre Gewohnheiten beibehalten, und umso wahrscheinlicher, je stärker die Gewohnheit ist, was im Wesentlichen von der Häufigkeit der zurückliegenden gleichartigen Handlungen[27] abhängt (Seegers, 2002, 74-83, bes. 81). Es kann aber dennoch jederzeit zu einer Friktion oder Richtungsänderung des Pfades oder der Gewohnheit kommen, was im Voraus schwer vorhersagbar ist.

Drittens nennt Ackermann die potenzielle Ineffizienz. Indem man einem pfadabhängigen Prozess Effizienz oder Ineffizienz zuweist, wird gewertet. Das

---

[25] "Das bestätigt den Satz, dass ein späterer Bewusstseinszustand niemals ohne einen vorhergehenden Bewusstseinszustand entstehen kann." (Dalai Lama, 2000, 50)

[26] In diesem Sinne schreibt North (1992, 112): "hat man sich eine Lösung einmal zu Eigen gemacht, so ist es schwer, davon wieder abzugehen.".

[27] Diese Auffassung stimmt mit Schlicht: überein: „Repetition ingrains (...) actions and processes deeply, up to the point that it is difficult to consider other ways of behaviour, novel ways of thinking, or different ways of evaluating one's surroundings." (Schlicht, 1998, 21).

buddhistische Konzept wertet ebenfalls, allerdings wird hier in „heilsam" und „unheilsam" unterschieden. Beide Bewertungen sind innerhalb des eigenen Systems stimmig, da sie bewerten wollen, wie zielführend ein Pfad oder eine Gewohnheitstendenz ist. Ist in der Ökonomie materieller Wohlstand das Ziel, so ist es richtig, einen Pfad danach zu bewerten, ob er Wirtschaftswachstum und damit hohe Gütermengen erzeugt (vgl. North, 1992, 109). Da das Ziel der Buddhisten „Erleuchtung" ist, wird hier gewertet, inwieweit vorhandene Gewohnheitstendenzen diesem Ziel näher führen, oder den Praktizierenden von seinem Ziel entfernen. Wenn also von unheilsamen Gewohnheitstendenzen gesprochen wird, so ist das mit ineffizienten Pfaden gleichzusetzen.

Beide Theorien gehen davon aus, dass es dauerhafte Ineffizienz geben kann. North stellt fest, dass es entgegen der Hypothese der Evolutionstheorie Gesellschaften und Wirtschaften gibt, „die sich durch anhaltend schlechte Leistungen auszeichnen". (North, 1992, 109). Gampopa schreibt: „Denkst du jedoch, diese Täuschung würde sich von selbst auflösen (so höre): Der Daseinskreislauf ist bekannt dafür, endlos zu sein!" (Gampopa, 1996, 22). North (1992, 8f.) erklärt die Persistenz von Institutionen mit einem lock-in-Effekt einerseits, mit einer mangelnden Informationsrückkopplung andererseits. Der lock-in-Effekt lässt sich auch dadurch ausdrücken, dass eine Änderung einer bestehenden Institution mit hohen Kosten verbunden ist, sowohl auf gesellschaftlicher Ebene, als auch auf der Ebene der einzelnen Akteure. Im Buddhismus wird ähnlich argumentiert, wenn auch die gesellschaftliche Ebene fehlt, da die buddhistische Lehre sich immer nur an den Einzelnen wendet. Hier wird das Weiterbestehen leidbringenden Verhaltens damit begründet, dass Gewohnheitsänderungen kostspielig sind und die Informationsrückkopplung mangelhaft ist.

Nach buddhistischer Auffassung lassen sich Gewohnheiten nur durch das ebenso häufige Ausführen gegensätzlicher Handlungen brechen (vgl. Nydahl, 1995, 14). Das lässt sich als Aufwand verstehen, da der Akteur hierzu erhöhte Aufmerksamkeit auf sein Handeln richten, bisher unbekannte Handlungen ausführen (was mit Informationskosten und Unsicherheit verbunden ist), einen Teil seiner „Persönlichkeit" aufgeben und Zeit in das Ausführen der entgegengesetzten Handlungen investieren muss. All dies kann man als psychische Kosten verstehen, die prohibitiv hoch sein können, zumal man psychische Kosten nicht über Kredit finanzieren kann[28].

---

[28] Die Ökonomik geht davon aus, dass sich jede Investition mit positivem Kapitalwert über den Kapitalmark finanzieren lässt. Das ist die Voraussetzung dafür, dass jede lohnende Investition getätigt wird. Dies wiederum verhindert, dass suboptimale Zustände (nämlich der Verzicht auf lohnende Investitionen) bestehen bleiben. Diese Hypothese trifft auf psychische Kosten jedoch nicht zu, weshalb es sein kann, dass es ein Akteur trotz seines Wissens um den hohen zukünftigen Nutzen einer Verhaltensänderung es nicht schafft, diese umzusetzen, weil die psychischen Kosten sein „psychisches Kapital" übersteigen. Ein besonders deutliches Beispiel hierfür ist ein Drogenabhängiger, der trotz seines Wissens um die höhere Qualität eines suchtfreien Lebens nicht in der Lage ist, die „psychischen Kosten" einer Gewohnheitsänderung aufzubringen.

Die mangelhafte Informationsrückkopplung wird im Buddhismus im Rahmen der Karma-Theorie erklärt. Hier heißt es, dass das Ursache-Wirkungsgeflecht der Ereignisse derart komplex ist, dass es für den Menschen schwer zu durchschauen ist und darüber hinaus die Wirkung einer Handlung oft so zeitversetzt eintritt, dass der Einzelne nicht mehr in der Lage ist, sie korrekt zuzuordnen (Seegers, 2002, 81). So wird erklärt, dass Menschen dauerhaft an einem Verhalten festhalten, dass ihnen selber schadet, und eher geneigt sind, äußere Faktoren oder den Zufall für erlebtes Leid verantwortlich zu machen, als die eigenen Handlungen (vgl. Nydahl, 1994, 25).

North (1992, 134) nennt noch eine weitere mögliche Begründung für eine bestehende Verlaufsabhängigkeit: die der zunehmenden Erträge[29]. Dies kann aber nur als Argument für die Verfolgung „effizienter" Pfade gelten, da die ineffizienten durch Verlust an Ertrag gekennzeichnet sind. Hieran wird deutlich, wie wichtig es ist, genau zu erläutern, was mit „Nutzen", „Ertrag", oder „Effizienz" gemeint ist. Dabei ist besonders zu berücksichtigen, dass ein großer Teil dessen, was Menschen selber als „Nutzen" erleben, nicht monetär erfassbar ist[30]. Daher ist zu unterscheiden, ob ein Pfad materiellen Ertrag abwirft, nicht-materiellen Ertrag, beides oder gar keinen Ertrag. Alle diese Spielarten sind dauerhaft möglich und begründbar, wie gezeigt wurde.

Man sieht also, dass die Sicht des Prozesses der Institutionenentstehung und die Begründung für mögliche Ineffizienz im Wesentlichen in der ökonomischen Theorie und der buddhistischen Lehre übereinstimmen, sich die Bewertungskriterien aufgrund der Zieldifferenz aber unterscheiden. Die wichtige Frage, auf die ich später eingehe, lautet damit, inwieweit das „Heilsame" ökonomisch effizient oder ineffizient ist, und umgekehrt.

---

[29] „Verlaufsabhängigkeit ergibt sich aus den Mechanismen zunehmender Erträge, die dafür sorgen, dass ein einmal eingeschlagener Pfad weiter verfolgt wird." (North, 1992, 134)

[30] Frey und Stutzer beziehen sich auf Tibor Scitovsky, wenn sie schreiben: „He argued that most of the pleasures in life cannot be bought in markets, are not priced, and are not for sale." (Frey/Stutzer, 2002, 21).

3 ALLES EINE FRAGE DES ZIELS

3.1 Rationalität als zielführendes Verhalten

Da der Begriff der Rationalität nicht eindeutig ist, möchte ich kurz darauf eingehen, was ich im Rahmen dieser Arbeit darunter verstehe. Die angewendete Methode geht von der Subjektivität jeder Wahrnehmung aus. Aus der Annahme, dass es unmöglich ist, die Außenwelt objektiv wahrzunehmen und zu beurteilen, ergibt sich, dass auch die Definition von Rationalität nicht vom Akteur unabhängig sein kann. Stenmark hat ein Rationalitätskonzept erarbeitet, das dem Rechnung trägt: „Rationality consists in the pursuit of appropriate ends and of appropriate means to achieve those ends. […] On this conception of rationality, a rational person is someone who is able to chose ends that are in his or her best interest and find means that are, or appear to be, sufficient for satisfying those ends. Hence holistic rationality has both a theoretical-practical and an axiological dimension." (Stenmark, 1994, 35).

Den Gegensatz rationalen Verhaltens - also als Irrationalität − teilt Stenmark die folgenden drei Kategorien ein (Stenmark, 1994, 284):

1. People can be irrational in the sense that they do not take into account their resources and predicament when they are doing (or want to do) something.

2. People can be irrational in what they are doing (or want to do) in the sense of adopting unsuitable means for the ends they are trying to satisfy.

3. People can be irrational in what they are doing (or want to do) in the sense of adopting ends unsuitable to their needs.

Es wird deutlich, dass Rationalität sich aus der Beurteilung des Zusammenhangs von Bedürfnissen, Ziel und Mitteln ergibt[31]. Sind diese drei konsistent, lässt sich ein Verhalten als rational bezeichnen, fallen sie dagegen auseinander, liegt Irrationalität vor. Formuliert man das Ziel derart abstrakt, wie es im Buddhismus geschieht − als ‚Glück', ‚Wohlergehen' oder ‚Freiheit von Leid' − dann verschmilzt das, was Stenmark mit ‚Bedürfnissen' und ‚Ziel' beschreibt, zu einem. Somit lässt sich zusammenfassen, dass rationales Verhalten zielführendes Verhalten ist. Sowohl das Ziel, aber vor allem die als adäquat erachteten Mittel sind stark ideologieabhängig, und können daher nur im Zusammenhang ihres ideologischen Systems beurteilt und verstanden werden: „Each practice has its own standards of rationality, and there is no independent basis for deciding whether one practice is more rational than another." (Stenmark, 1994, 357).

---

[31] Eine solche Forderung stellt auch Nydahl an die buddhistische Lehre: „Die Belehrungen mussten eine Grundlage haben, anwendbare Mittel besitzen, und ein erreichbares Ziel aufweisen." (Nydahl, 1994, 18).

3.2 Zieldifferenz in Buddhismus und Ökonomie

Bisher haben wir gesehen, dass die unterliegenden Denkstrukturen in Ökonomik und buddhistischer Lehre deutlich näher beieinander liegen, als man auf den ersten Blick vermuten würde. Dennoch ist bekannt, dass beide Ideologien zum Teil konträre Schlüsse daraus ziehen. Die Differenz zwischen beiden liegt in der Definition des „Nutzens", und den Annahmen darüber, wie er zu erreichen ist. Hier besteht der Hauptunterschied in der buddhistischen Hypothese, dass der höchste Nutzen jenseits von dualistischem Erleben zu erfahren ist (vgl. Nydahl, 1994, 22f.). An dieser Stelle kommt der ideologische Unterschied voll zum Tragen, und es wird deutlich, welche weit reichenden Konsequenzen eine Differenz in der Sichtweise auf dieser Ebene hat.

Erfahrungen, die aufgrund dualistischen Erlebens gemacht werden, werden im Buddhismus als „Samsara" bezeichnet, und gelten als die Ursache von Leid[32]. Ihre Überwindung heißt „Nirwana" und gilt als „wahres Glück, welches ohne Leiden ist"[33]. Dabei ist ‚Nirwana' nicht an einem anderen Ort als Samsara, weswegen der Buddhismus auch nicht als „Weltflucht" missverstanden werden darf. Nirwana erscheint durch die Änderung kognitiver Prozesse, durch „Reinigung" der Sicht[34]. Samsara beschreibt also den Ausgangszustand, die Realität, während Nirwana das Ziel, das ‚Ideal' ist.

Die gesamte buddhistische Lehre bewegt sich in diesem Spannungsfeld von Realität und Ideal – Samsara und Nirwana[35]. Kennzeichen der Existenz innerhalb von Samsara (also der Realität) ist das Prinzip von Ursache und Wirkung, sowie egoistisch motiviertes Verhalten. Letzteres wird aus buddhistischer Sicht als schädlich betrachtet, wenn eigennütziges Verhalten einem anderen schadet. Dies wird im Folgenden ‚opportunistisches Verhalten' genannt. Um dem Opportunismus entgegen zu wirken, bedient sich der Buddhismus der Karma-Lehre. Der

---

[32] „Aufgrund dieser begrenzten Erfahrungskraft entsteht eine zweiheitliche (dualistische) Sichtweise, das heißt, die unterschiedlichen Eigenschaften des Geistes werden als voneinander getrennt erlebt. Man erfährt die raumgleiche Natur des Geistes als ein ‚Ich' und das, was in diesem Raum erscheint, als ein ‚Du', bzw. als äußere Welt. [...] Wegen der Trennung zwischen einem ‚Ich' und einem ‚Du', einem ‚hier' und einem ‚dort' entstehen die hauptsächlichen Störgefühle: Anhaftung, Widerwillen, und vor allem Verwirrung." (Nydahl, 1994, 23)

[33] Entnommen aus den „Vier Unermesslichen", einem Wunschgebet, dass im Anschluss an die Meditationspraxis gemacht wird: „Mögen alle Wesen Glück und die Ursache dafür erfahren; mögen sie vom Leiden und dessen Ursache frei sein; mögen sie nicht vom wahren Glück, welches ohne Leiden ist, getrennt sein; mögen sie in großem Gleichmut verweilen, frei von Anhaftung und Ablehnung. (aus „Das Fahrzeug für den Pfad der Edlen, tib. kurz: Ngöndro, Meditationstext des 9. Karmapa Wangtschug Dorje (1555- 1603)).

[34] Karmapa Rangjung Dorje schreibt in seinen Mahamudra-Wünschen, Vers 13:„Erkennt man das Wesen des Geistes nicht, treibt man im Meer der Verwirrung umher; erkennt man es, ist Buddhaschaft nicht woanders" und in Vers 7:„das zu Reinigende sind die an der Oberfläche liegenden Schleier der falschen Sicht". (Text siehe Anhang)

[35] Was wiederum eins ist und nur aus der Perspektive von Samsara als zwei Pole und Spannungsfeld wahrgenommen wird.

buddhistische Umgang mit der Realität spielt sich weitgehend im Feld von Ursache/Wirkung und Karma ab.

In der Ökonomik gibt es weder ein spirituelles Ziel, noch eine Weltsicht, die auf die Überwindung von dualistischem Erleben ausgerichtet ist. Ein „Nirwana" kommt nicht vor, weshalb sich die ökonomische Theorie ausschließlich mit der Ebene der ‚Realität' beschäftigt, mit dem, was aus buddhistischer Sicht „Samsara" ist. Sämtliche sich ergebende Unterschiede in den Handlungsempfehlungen lassen sich auf diese Hauptdifferenz zurückführen.

3.3 Nutzenmaximierung: Ja! Doch was ist Nutzen?

Auch der Buddhist versteht sich als Nutzenmaximierer, wobei sich allerdings seine Nutzendefinition von der ökonomischen unterscheidet. Auch in der Ökonomik gibt es kein einheitliches Nutzenkonzept. In der klassischen Theorie herrscht eine monetäre Nutzendefinition vor: „Under the self-interest standard, by contrast, it is assumed at the outset that people's motives are congruent with their material interests. Motives such as altruism, fidelity to principle, a desire for justice, and the like are simply not considered under the self-interest standard." (Frank, 1994, 251).

Abweichend davon gibt es auch nicht-monetäre Nutzendefinitionen. Karpe schreibt: „Nutzen beschränkt sich demzufolge nicht auf Güternutzen, auf Gewinn oder auf mit Marktpreisen bewertete Güter und Dienstleistungen. Es enthält vielmehr auch außermarktliche Werte wie Ansehen, Macht, Respekt, Wissen sowie Streben nach Anerkennung und Zuneigung[36] [...alchianeske Nutzenarten...].“ (Karpe, 1997, 24).

Dazu sei kritisch angemerkt, dass letztere Faktoren weniger um ihrer selbst willen angestrebt werden, sondern weil sie als Bedingungen für Befriedigung, Wohlbefinden oder Glück gelten. Sie sind also Mittel, nicht Zweck, womit man wiederum beim „Glück" als einzig letztendlichem Ziel angekommen ist. Diesen Ansatz verfolgen Frey und Stutzer (2002) in ihrer aktuellen Veröffentlichung „Happiness and Economics". Sie argumentieren, dass subjektives Wohlbefinden, das sich empirisch durch Selbstauskunft ermitteln lässt, die beste Annäherung zur Erfassung des „Nutzens" ist.

All diese Überlegungen versucht der „present-aim-standard" (Frank, 1994, 251; Frey/Stutzer, 2002, 20) zu umgehen, indem er einfach die Annahme setzt, dass Individuen, wenn sie zwischen verschiedenen Alternativen die Wahl haben, sich immer für die entscheiden, die den höchsten Nutzen birgt. Somit lässt sich aus

---

[36] Diese Ziele entsprechen weitgehend dem, was im Buddhismus unter dem Begriff „acht weltliche Dharmas" bekannt ist. Sie bestehen aus je 4 entgegengesetzten Begriffspaaren, die Menschen streben nach dem einen, und versuchen das jeweils andere möglichst zu vermeiden: Lob und Tadel, Gewinn und Verlust, Glück und Unglück, Ruhm (Verehrung) und Schmach (Verachtung) (vgl. Gampopa, 1996, 202, oder P.A. Payutto, 1999, 147).

der beobachteten Handlung ableiten, welche Option den Nutzen des Individuums maximiert. Der Nutzen selbst braucht nicht mehr definiert zu werden. Diese Sichtweise basiert jedoch auf der unrealistischen Annahme vollständiger Information, in zweifacher Hinsicht: zum einen vollkommene Information über das Entscheidungsobjekt und alle Alternativen, zum anderen vollkommene Information über seine eigene Nutzenfunktion. Der Akteur muss sicher wissen, was ihn glücklich macht. Letzteres wird von Seiten der Psychologie (sowohl der westlichen, als auch der buddhistischen) bestritten (Frey/Stutzer, 2002, 22; Nydahl, 1994, 25).

Auch wenn der ökonomischen Theorie die „persönliche Wohlfahrt" als „Endziel allen Wirtschaftens" nicht fremd ist (Richter/Furubotn, 1999, 95), schlägt sich das in der Anwendung nur selten nieder. Der Unterschied wird deutlich wenn man sieht, dass gemeinhin das Bruttosozialprodukt oder ähnliche monetäre Größen als Maßstab für das „persönliche Wohlergehen" der Bevölkerung verwendet werden. Im Vergleich dazu bemüht sich das buddhistische Königreich Bhutan um die Steigerung der „Groß National Happiness". Ich möchte hier nicht den Erfolg dieser Bemühungen beurteilen, sondern verdeutlichen, dass die Erkenntnis, dass „Nutzen" nicht rein monetär zu erfassen ist, innerhalb des klassisch ökonomischen Modells nicht tief genug verankert ist, um sich in einer Handlungsmaxime niederzuschlagen, während das innerhalb eines buddhistischen Systems der Fall ist.

Für den Buddhisten hingegen ist Nutzen gleich Glück, das sich ausschließlich in subjektivem Erleben ausdrückt, und sich damit der quantitativen Erfassung entzieht. Der Buddhismus unterscheidet in bedingtes (Samsara) und unbedingtes Glück (Nirwana). „Bedingtes Glück" wird in Abhängigkeit von bestimmten Bedingungen erlebt. Ändern sich die Bedingungen (z. B. Qualität der Partnerschaft, Einkommen etc.) zum Positiven oder Negativen, so erhöht sich oder sinkt ebenfalls das Glückserleben. Dieses bedingte Glück deckt sich mit dem Konzept, das Frey und Stutzer als „Happiness" vorstellen. Konsequenterweise bemühen sie sich daher, möglichst allgemein gültige Bedingungen für „Glück" zu identifizieren[37] (Frey/Stutzer, 2002, 184).

Bedingtes Glück ist aus buddhistischer Sicht deshalb erstrebenswert, weil es das Gegenteil von Leid ist, und Leid in jedem Fall zu vermeiden ist. Zu maximieren versucht der Buddhist jedoch das unbedingte oder absolute Glück – ein Begriff, der synonym zu „Erleuchtung" verwendet werden kann. Es wird durch das Überwinden dualistischen Erlebens erreicht, woraus sich eine abhängige Nutzenfunktion ergibt. Absolutes Glück kann nur nach einem inneren Wandel (oder buddhistisch ausgedrückt: Reinigung) erlebt werden. Das bedeutet: der Buddhist

---

[37] „As we have argued repeatedly, the main use of happiness measures is, however, not to compare levels of subjective well-being, but rather to seek to identify the *determinants* of happiness." (Frey/Stutzer, 2002, 184)

versucht nicht, weltlichen Nutzen zu maximieren, sondern außerweltlichen. Die Hypothesen darüber, wie der außerweltliche Nutzen zu erlangen sei, prägen die Handlungen innerhalb der Welt. Dieses Spannungsfeld wird teilweise dadurch entschärft, dass weltlicher und außerweltlicher Nutzen sich nach buddhistischer Lehre nicht widersprechen, sondern im Gegenteil, der Weg zu außerweltlichem Nutzen zu einem großen Teil über den weltlichen führt[38].

Frey und Stutzer schlagen in ihrem aktuellen Werk „Happiness and Economics" vor, mit einer „Happiness-Funktion" als realistische Annäherung an eine Nutzenfunktion zu arbeiten. Wie gesehen, ist der Ansatz von Frey und Stutzer nur auf der Ebene der Realität (Samsara) mit dem Buddhismus vergleichbar, es muss im Hinterkopf behalten werden, dass die Maximierung dieser Nutzenart im Buddhismus nur ein „Übergangsziel" auf dem Weg zum unbedingten Nutzen darstellt.

Auf der weltlichen Ebene sehen Ökonomik wie Buddhismus das Glück (oder persönliche Wohlergehen) als höchstes Ziel jedes Menschen an (Frey/Stutzer, 2002, 3 und 171; Gampopa, 1996, 163). Dabei ist „Glück" nicht objektiv zu definieren, sondern manifestiert sich in subjektivem Erleben (Frey/Stutzer, 2002, 4). Sowohl nach den Erkenntnissen der westlichen als auch der buddhistischen Psychologie handeln Menschen aber nicht automatisch so, dass sie ihr Wohlbefinden steigern (Frey/Stutzer, 2002, 22). Unvollständige Information darüber, welches Verhalten wirklich zu Glück führt, erklärt unter anderem[39], warum Menschen tatsächlich Entscheidungen treffen und Handlungen ausführen, die nicht zielführend sind (Nydahl, 1994, 25). Es besteht eine Differenz zwischen individuellem Nutzen und gezeigten Präferenzen (vgl. auch Frank, 1994, 251).

Im Buddhismus wird die Frage, was zu Glück führt, im Rahmen der Karma-Lehre beantwortet: „Wer falsche Anschauungen über Handlungen und deren Folgen hat, der glaubt nicht, dass gute bzw. schädliche Handlungen die Ursache für Glück bzw. für Leid sind." (Gampopa, 1996, 89). Die ökonomische Theorie hingegen macht keine Aussage darüber, welche Handlungen zu „Glück" führen. In der Ökonomik herrscht dagegen das Konzept der „Effizienz" vor, um eine Handlung zu beurteilen. Effizienz bewertet den Weg der Zielerreichung, das Ziel selbst wird nicht beurteilt. Die Erkenntnis aus der Psychologie, dass Nutzen und Präferenzen häufig auseinander fallen, wird bisher aus ökonomischen Analysen ausgeklammert, sodass keine normativen Aussagen über Ziele gemacht werden müssen.

---

[38] „Of course, like Aśoka, one must give away *deva*hood, that is, kingship or rebirth in heaven, before one can commit oneself totally to enlightenment; but one must also, like Aśoka, achieve *deva*hood before one can renounce it." (Strong, 1990, 121)

[39] Zur Erklärung ineffizienter Pfade siehe das Kapitel über Pfadabhängigkeit.

3.4 Und wie wird Nutzen erreicht?

Die oben diskutierte Zieldifferenz zwischen Buddhismus und Ökonomik wirkt sich auch darauf aus, welche Methoden als adäquat zur Zielerreichung angesehen werden. Anders ausgedrückt: die Definition des Ziels „Nutzen" bestimmt die Beschaffenheit der Nutzenfunktion.

Im Buddhismus wird der Erleuchtungszustand als das Erreichen des „doppelten Nutzens"[40] bezeichnet. Damit ist gemeint, gleichzeitig den höchsten Nutzens für sich selbst und für andere zu verwirklichen. Aus der Prämisse, dass der höchste Nutzen jenseits des dualistischen Erlebens liegt, ergibt sich automatisch, dass er nur erreicht werden kann, wenn eigener und fremder Nutzen gleichermaßen berücksichtigt wird. Somit besteht der große Unterschied zur ökonomischen Sichtweise darin, dass der Buddhist eine abhängige Nutzenfunktion maximieren möchte, der Homo ökonomikus hingegen eine unabhängige (vgl. Frank, 1994, 252f.). Nach buddhistischer Auffassung führt eine unabhängige Nutzenfunktion zu einem suboptimalen Niveau individuellen Nutzens, nämlich dem Verbleib in „Samsara". Das Erreichen der Erleuchtung wird nur durch die Auflösung der Dualität, also der Trennung in „ich" und „andere" erlangt. Aus dieser Logik ergibt sich zwangsläufig eine Nutzenfunktion, die den eigenen Nutzen nicht als unabhängig von dem der anderen betrachten kann.

Da die ökonomische Theorie nicht auf die Überwindung von Dualität ausgerichtet ist, geht sie konsequenterweise von einer unabhängigen Nutzenfunktion aus: „Das Streben nach individueller Nutzenerhöhung sagt nichts darüber aus, inwiefern die Interessen anderer Personen (positiv oder negativ) tangiert werden" (Karpe, 1997, 25). Aus Gründen der Informationsasymetrie führt aus ökonomischer Sicht eine abhängige (altruistische) Nutzenfunktion zu einem suboptimalen Nutzenniveau: "Altruism is an attitude that places the interests of others above one's own. It contrasts not only with egotism (ruthless self-seeking), but also with a rational extended self-interest in pursuing own goals in preference to satisfying the poorly known aspirations of others." (Kaspar/Streit, 1998, 64).

Geht man wie Kasper und Streit von der Unmöglichkeit aus, die Wünsche und Bedürfnisse der anderen zu kennen, so ist es effizienter, wenn sich jeder um die bekannten eigenen Wünsche kümmert, anstatt sein Handeln auf die unvollständige Information zu gründen, die er über die anderen hat. Da es in der Ökonomie auch keine These von der leidbringenden Natur dualistischen Erlebens gibt, die mithilfe altruistischer Motivation zu überwinden ist, um dauerhaftes Glück zu

---

[40] „Buddhahood has the qualities of the two benefits." (Maitreya/Asanga, 2000, 102) oder: „the first three qualities of buddhahood, that is, those of being uncreated, spontaneously present, and not a realization due to extraneous conditions, are the qualities of the dharmakaya, which constitutes the most excellent benefit for oneself. The last three qualities, that is, those of primordial wisdom of knowledge, compassionate love, and ability, are the qualities of the form kayas, which brings about the most excellent benefit for others. (Maitreya/Asanga, 2000, 305).

erlangen, besteht hier auch im Gegensatz zum Buddhismus kein qualitativer Unterschied zwischen der Befriedigung eigener Bedürfnisse, und der der anderen. Wichtig ist aus ökonomischer Sicht lediglich, wie viele Bedürfnisse insgesamt befriedigt werden, je mehr, desto besser. Aufgrund der Informationsasymetrie ist es wahrscheinlich, dass insgesamt mehr Bedürfnisse befriedigt werden, wenn jeder sich um seine persönlichen kümmert. Dieses Verhalten wird damit als rational beurteilt. Anhand dieser Betrachtung wird die Problematik des Rationalitätsbegriffs deutlich. Beide Annahmen über die Nutzenfunktion sind innerhalb ihres Systems rational, innerhalb des jeweils anderen nicht.

4 BUDDHISMUS AUS INSTITUTIONEN-ÖKONOMISCHER SICHT

4.1 Das Phänomen „westlicher Buddhismus"

Der Begriff „Buddhismus" ist ein unscharfer Oberbegriff, der eine Vielzahl philosophischer Schulen und Lehrtraditionen umfasst, und in sehr unterschiedlichen regionalen Ausprägungen existiert. Spätestens seit den 70er-Jahren haben sich so gut wie alle lebenden buddhistischen Lehrtraditionen in Deutschland angesiedelt. Ihnen gemeinsam ist, dass sie sich in diesem Kulturkreis neu verwurzeln müssen, sodass es bei allen gleichermaßen zu einer Auseinandersetzung mit dem Spannungsfeld zwischen vorhandenen westlichen und buddhistischen Institutionen kommen muss. Dieses Phänomen sei hier „westlicher Buddhismus" genannt. Meine Eingrenzung ist also in erster Linie regional.

Jedoch ist eine weitere Eingrenzung nötig, da die weite Verzweigung der buddhistischen Richtungen es nicht erlaubt, alle Schulen gleichermaßen gut von innen zu kennen. Von buddhistischer Seite aus erfolgt meine Argumentation daher aus Sicht der Karma Kagyü Schule des tibetischen Buddhismus und damit aus Sicht des Mahayana[41]. Der Karma Kagyü Schule gehören in Deutschland die meisten westlichen Buddhisten an.

4.1.1 Westlicher Buddhismus aus institutionenökonomischer Sicht

Die Institutionenökonomik beschäftigt sich ausführlich mit dem Thema des institutionellen Wandels auf gesamtgesellschaftlicher Ebene. Diese Analysemethode lässt sich nicht eins zu eins übernehmen, da es sich beim ‚westlichen Buddhismus' nicht um ein gesamtgesellschaftliches Phänomen handelt. Mit etwa 100.000 westlichen Buddhisten in Deutschland ist eine kritische Masse für gesellschaftliche Relevanz nicht erreicht. Die Kennzeichen eines institutionellen Wandels – Übergang und Instabilität – gibt es allerdings auf der Ebene des einzelnen Akteurs. Untersuchungsobjekt ist somit nur eine Gruppe der Gesellschaft, die westlichen Buddhisten, und nicht der institutionelle Wandel in der Gesellschaft als Ganzes.

Das Phänomen westlicher Buddhismus lässt sich charakterisieren als Austausch der internen Institutionen unter Beibehaltung der externen und größtenteils auch

---

[41] Erklärungen zu den buddhistischen Schulen finden sich im Anhang. Der tibetische Buddhismus wird allgemein dem Vajrayana (Diamantweg) zugeordnet. Ich folge hier mit Khenpo Chödrag Tenphel Rinpoche und Prof. Sempa Dorje einer etwas anderen Klassifizierung, die den Mahayana als Bodhisattvayana versteht und diesen in die zwei Richtungen des Sutrayana und geheimen Mantrayana (Letzteres ist ein Synonym für Vajrayana) einteilt.

der kulturellen. Diese Art des institutionellen Wandels hat bisher in der Theorie keine Beachtung gefunden. Stattdessen wird die Beziehung zwischen internen, externen und kulturellen Institutionen meist wie folgt beschrieben: „Often, attempts were made to replace poorly defined, internal institutions and existing cultural traditions with external institutions. Often, traditional internal institutions clashed with the new laws, regulations and ideologies; the clash led to contradictions and a diminution of the existing economic order." (Kaspar/Streit, 1999, 457). Dieses Zitat beschreibt was passiert, wenn westlich marktwirtschaftliche Institutionen von der Regierung in einem Land implementiert werden, in dem sie zuvor keineswegs bestanden haben. Da sie nicht in ein Vakuum hinein implementiert werden, kommt es zu den beschriebenen Konflikten.

Der Fall im westlichen Buddhismus liegt jedoch anders, denn hier findet ein Austausch der internen Institutionen statt. Dadurch kommt es zum Konflikt zwischen *neuen* internen Institutionen mit den traditionellen kulturellen Institutionen, und den bestehenden Gesetzen, Regulierungen und Ideologien. Wo es dabei zu Synergien, und wo zu Widersprüchen kommt, und inwieweit die bestehende wirtschaftliche Ordnung infrage gestellt werden wird, ist die sich ergebende Fragestellung. Festzustellen ist, dass es auf individueller Ebene zu Verhaltensinstabilität kommt.

Der Prozess kann mit Aoki beschrieben werden: "When a pattern of choices becomes problematic because of environmental and internal changes, an „institutional crisis" in the cognitive sense may be triggered: the shared beliefs regarding the ways in which a game is played may begin to be questioned and the agents may be driven to re-examine their own choice rules based on new information not embodied in existing institutions." (Aoki, 2001, 18) Die Internalisierung buddhistischer Verhaltensregeln kann als solch ein interner Wandel verstanden werden, der auf individueller Ebene stattfindet. Der Beitritt zum Buddhismus – in Form der Zufluchtnahme – kann also als institutionelle Krise im Sinne Aokis aufgefasst werden: „The taken-for-grantedness of the old institutions are called into question." (Aoki, 2001, 241).

Anschließend kommt es zu einer Übergangsphase, während der die alten und neuen Regeln parallel nebeneinander existieren und in Wettbewerb miteinander treten. Der Agent wägt den Nutzen der alten und der neuen Regeln gegeneinander ab. Die neuen Regeln werden nur dann vollständig internalisiert, wenn sie sich im Alltag bewähren. „In the transition process, various choice rules involving new actions may be experimented with and put into competition by agents." (Aoki, 2001, 19). Dieser Prozess wurde auch vom Buddha selbst als essenziell betont[42]. (Nydahl, 1994, 52). Für die Gruppe der westlichen Buddhisten, die Untersuchungsgegenstand ist, lässt sich sagen, dass die neuen, buddhistischen Institutionen diesen „Wettbewerb" für sich entschieden haben.

---

[42] „Jetzt glaubt mir nichts, nur weil ein Buddha es sagt, sondern untersucht alles selbst. Schaut nach, ob es mit euren Erfahrungen über einstimmt, und seid euch selbst ein Licht." (Nydahl, 1994, 52)

Relativierend hierzu möchte ich anmerken, dass das Wort „Wettbewerb" meines Erachtens unglücklich gewählt ist. Wettbewerb impliziert die freie Austauschbarkeit der unterschiedlichen Regeln oder mentalen Modelle. Dies ist aber nicht der Fall, da es niemals den Moment der Tabula rasa gibt, zu dem man ein neues Modell implementieren könnte, ohne auf das vorhergehende Bezug nehmen zu müssen. Genau deshalb kann es überhaupt zu einem institutionellen Konflikt kommen. Wir haben es also mit einem Prozess zu tun, der immer noch verlaufsabhängig ist. Hierbei ist der Wettbewerb nur eine Komponente, gleichzeitig werden auch die Kosten der Änderung miteinbezogen. Die Kosten der Änderung sind umso höher, je stärker die neue Regel von der alten abweicht. Diese Kosten können auch prohibitiv hoch sein, sodass eine Änderung nicht erfolgt. Aus dieser Aussage lässt sich umgekehrt schlussfolgern, dass ein westlicher Buddhist schon vor seinem Übertritt ein dem Buddhismus ähnliches mentales Modell gehabt haben muss, sodass die Kosten des Übertritts für ihn gering waren.

Ein weiteres Merkmal des westlichen Buddhismus stimmt nicht mit dem gängigen Erklärungsmuster institutioneller Entwicklung überein, ist aber überaus wichtig: die bewusste Internalisierung der buddhistischen Ideologie und ihrer Institutionen. Für den westlichen Buddhismus können interne Institutionen nicht allein mithilfe des Sozialisierungsprozesses erklärt werden, wie es sonst geschieht. Es findet eine bewusste institutionelle Wahl (‚institutional choice') (Karpe, 1997, 1) statt, die so nur innerhalb der westlich säkularen Gesellschaft denkbar ist. Die Säkularisierung bildet die institutionelle Voraussetzung dafür, dass buddhistische Weltdeutung und Institutionen gewählt werden können. Problematisch an diesem Prozess ist, dass die Ideologie sich, sobald sie gewählt wurde, verselbständigen, und dadurch die Basis der Wahlfreiheit – die Säkularisierung – im Nachhinein unterminieren[43] kann. Dies ist der Grund, warum es sich lohnt zu untersuchen, ob die Werte einer einfließenden Ideologie „an den Fundamenten der Gesellschaft kratzen", oder nicht. Daher ist das Hauptanliegen dieser Arbeit weniger der Prozess des Wandels, sondern die Identifikation der Stellen, an denen institutionelle Konflikte stattfinden. Ich werde nicht ausführlich nach möglichen Gründen für die wachsende Zahl von Buddhisten im Westen forschen, sondern diese Thematik nur kurz, grob, und sicher unvollständig anschneiden.

Nach Denzau und North formen ‚shared mental models' eine Ideologie (Denzau/North, 1994, 4). Diese Sichtweise trifft auf das Entstehen des westlichen Buddhismus nicht zu, da Denzau und North gesamtgesellschaftliche Phänomene untersuchen, was der westliche Buddhismus nicht ist. Die Entwicklung der verschiedenen Lehrtraditionen oder Übertragungslinien innerhalb des Buddhismus lässt sich als Evolution begreifen. Das Phänomen ‚westlicher Buddhismus' hin-

---

[43] Dies ist eine generelle Gefahr. Ob diese Situation eintritt, muss für jede Ideologie getrennt untersucht werden, und kann nicht pauschal beurteilt werden.

gegen gleicht von außen[44] betrachtet eher der spontanen Übernahme eines fremden, aber bereits bestehenden Institutionensystems.

Die Vorgänge innerhalb der westlich pluralistischen Gesellschaft lassen sich eher wie folgt beschreiben: Wenn in einer Gesellschaft der Zwang zur Konformität mit nur einer vorherrschenden Ideologie fehlt[45], und stattdessen mehrere Ideologien zur Auswahl stehen, kommt es innerhalb der Gesellschaft zu Gruppenbildung. Bestehende mentale Modelle haben Ähnlichkeit mit einer bestimmten Ideologie, die betreffenden Menschen kommen damit in Kontakt und ordnen sich mithilfe dieser Ideologie als verbindendem Glied zu einer Gruppe. Es kann eine Vielzahl solcher Gruppen nebeneinander bestehen, wie es in der westlich säkularen Gesellschaft tatsächlich der Fall ist. Hier betrachtet wird die Gruppe westlicher Buddhisten.

4.1.2 Die Frage nach dem ‚Warum?'

Aus Sicht der Institutionenökonomik mag es kurios erscheinen, dass westliche Buddhisten Institutionen übernehmen, die überhaupt nicht den Hauptzweck von Institutionen erfüllen, und damit auf den ersten Blick nutzlos wirken: „Der Hauptzweck der Institutionen in einer Gesellschaft besteht darin, durch die Schaffung einer stabilen (aber nicht notwendigerweise effizienten) Ordnung die Unsicherheit menschlicher Interaktion zu vermindern." (North, 1992, 6). Zum einen wurde gezeigt, dass die Übernahme der buddhistischen Weltanschauung eine ‚institutionelle Krise' (Aoki) auslöst, was klar dem Stabilitätskriterium widerspricht. Zum anderen lässt sie sich auch nicht damit begründen, die ‚Unsicherheit menschlicher Interaktion' besser zu vermindern als bestehende Institutionen. Schließlich konvertiert die Mehrheit der Bevölkerung nicht zum Buddhismus, sodass sich an der Interaktion mit ihr und der damit verbundenen Unsicherheit nichts ändert. Die Übernahme der buddhistischen Ideologie lässt sich aus institutionenökonomischer Sicht nur durch steigende Erträge erklären, die entstehen, wenn ein mentales Modell besser mit der Wirklichkeit korrespondiert und aus Sicht der Akteure zu besseren Entscheidungen führt. Es muss unterstellt werden, dass zumindest westliche Buddhisten das so empfinden. Aber auch aus wissenschaftlicher Sicht gibt es Hinweise in diese Richtung.

Frey und Stutzer identifizieren mehrere ‚biases in cognition', die zu suboptimalen Entscheidungen führen (Frey/Stutzer, 2002, 22f.). Die buddhistische Lehre

---

[44] Aus Sicht des einzelnen Akteurs ist ‚Evolution' zutreffend, wenn man davon ausgeht, dass sein mentales Modell vor der Zufluchtnahme dem buddhistischen schon sehr ähnlich gewesen sein muss, da andernfalls prohibitiv hohe Kosten den Wechsel verhindert hätten.

[45] Dies lässt sich als mit North als ‚geringer Preis' der Überzeugungsäußerung verstehen: „Auch wenn wir die Motivationen nur sehr unvollständig verstehen, können wir immer noch einen wichtigen Schritt vorwärts tun, indem wir ausdrücklich darauf eingehen, wie Institutionen den Preis verändern, den einer für seine Überzeugungen bezahlt, und somit in entscheidender Weise das Ausmaß bestimmen, in dem nicht wohlfahrtsmaximierende Motivationen Wahlhandlungen beeinflussen." (North, 1992, 31).

wirkt einigen dieser verzerrten Wahrnehmungen entgegen. Es kann angenommen werden, dass es in diesen Fällen tatsächlich zu als besser empfundenen Entscheidungen kommt. Die buddhistische Praxis wirkt vor allem gegen den endowment effect (systematische Überbewertung des Eigenen) über den Abbau der ‚Anhaftung'. Gleichsam steuert sie gegen ‚overoptimism' („people [...] believe, that the outcomes of events are better for them then for others"), in dem sie die Vergänglichkeit und die Gleichheit aller Lebewesen betont. Vor allem aber verdeutlicht die buddhistische Lehre die ‚limited ability to predict one's future tastes', in dem sie aufzeigt, dass Glücksempfinden weit weniger von äußeren Bedingungen abhängig ist, als von den meisten angenommen wird (vgl. Frey/Stutzer, 2002, 22f.).

4.2 Governancestruktur

Die schon beschriebenen Pole von Realität und Ideal charakterisieren auch die Governancestruktur[46] des Buddhismus. Das angestrebte Ideal ist ein außerweltliches Ziel. Um es zu erreichen, werden aber zu einem großen Teil Institutionen eingesetzt, die weltliches Verhalten regeln. Das gilt insbesondere für die Karma-Lehre und die befreienden Handlungen. Es handelt sich um die Steuerung weltlichen Verhaltens mithilfe einer transzendenten Begründung[47]. Dabei ist auszudifferenzieren, dass ‚Karma' auf der Ebene der Realität wirkt, indem es über eine Änderung der erwarteten Auszahlungen versucht, durch Eigennutz motivierte Praktizierende von opportunistischem Verhalten abzuhalten. Die befreienden Handlungen dagegen stellen das ‚Ideal' dar. Sie beschreiben das Verhalten eines ‚Bodhisattvas' (eines Praktizierenden auf dem direkten Weg zur Buddhaschaft) und haben Vorbildcharakter. Die Funktion der Karma-Lehre ist es, einen Akteur von Verhalten abzuhalten, das andere schädigt. Das Bodhisattvaideal soll hingegen die Einstellung erwecken, anderen aktiv nützen zu wollen.

Wie stark sich ein Praktizierender durch die Institutionen, die seinen Umgang mit der Realität regeln, gebunden fühlt, hängt ausschließlich davon ab, wie stark er das Ideal anerkennt. Das bedeutet, dass jemand, der mit großer Vehemenz das buddhistische Ziel der Erleuchtung anstrebt, sich von den entsprechenden Verhaltensregeln absolut gebunden fühlt. Ist dagegen jemandem das Ideal gleichgültig, verfügen auch die weltlichen Regeln über keinerlei Durchsetzungskraft. Man muss also unterscheiden zwischen der Durchsetzungsstruktur *innerhalb* des buddhistischen Systems, und der Durchsetzungsstruktur des kompletten Systems selbst.

---

[46] „Governancestrukturen sind formale und informale Ordnungen zur Steuerung der verschiedenen Codes und Logiken eines Systems oder einer Organisation, eine Matrix, innerhalb derer distinkte Transaktionen verhandelt und möglichst vollständig durchgeführt werden." (Wieland, 1999, 28)
[47] Wobei es für den Buddhisten keine Trennung zwischen weltlich und außerweltlich gibt.

Innerhalb der Ideologie erreicht die transzendente Begründung eine sehr hohe Regelkonformität, die in erster Linie durch den Akteur selber kontrolliert wird, und somit frei von äußeren Durchsetzungs- und Kontrollkosten ist. Das funktioniert aber nur, wenn die Akteure ihre mentalen Modelle freiwillig der buddhistischen Ideologie anpassen. Folglich ist es in der buddhistischen Lehre ausgeschlossen, jemanden zwangsweise zu konvertieren (vgl. Weber, 1921, 248). Der Buddhismus geht aber noch weiter, er verzichtet auch fast völlig auf Austrittsbarrieren. Sowohl Laien als auch Mönche haben mit keinerlei offiziellen Sanktionen durch die Gruppe zu rechnen, wenn sie diese verlassen möchten[48].

Buddhistische Verhaltensregeln bewegen sich auf der Ebene abstrakter Ethik, es werden keine Detailregeln gegeben, die in die gesellschaftliche Organisation eingreifen. Der Buddhismus verzichtet darauf, eine bestimmte Gesellschaftsform religiös zu legitimieren[49]. Dadurch behält er die nötige Flexibilität bei, um sich veränderten gesellschaftlichen Umständen anpassen zu können[50]. Buddhistische Handlungsprämissen entsprechen etwa dem, was Kaspar und Streit unter ‚fundamental values' verstehen: „(Fundamental) values are defined as high preferences revealed, time and again, in human choice and public actions. They are accorded, by most people of the time, a high rank order. This is demonstrated by the subordination of other preferences to them." (Kaspar/Streit, 1999, 33) Wie bereits gezeigt, bewirkt die buddhistische 'governance structure', dass andere Werte – auch ökonomische – den buddhistischen untergeordnet werden, sobald die Ideologie einmal internalisiert ist.

„Es kommt schließlich darauf an, ob die Institutionen ein bestimmtes „commitment" ausbilden können, d. h. einen Habitus (der auch einen gemeinsamen Erwartungsstil braucht), der es den Teilnehmern erlaubt, nicht-opportunistisch im Sinne einer schnellen Defektion zu werden. Die Stabilisationsqualität einer Institution erweist sich schließlich darin, ob sie normative Kraft gewinnt gegenüber ihren Teilnehmern oder ob sie im Zustand einer „collective choice" verharrt, die opportunismus- bzw. defektionsanfällig bleibt." (Priddat, 1995a, 295). Der Buddhismus versucht dieses Problem über seinen integrativen, alles umfassenden Aufbau und die starke Betonung der Internalisierung kognitiver Regeln zu lösen. Dadurch ist es nur möglich, die buddhistische Ideologie ganz oder gar nicht zu übernehmen. Es können keine einzelnen Teil herausgelöst verwendet werden, was die Austauschbarkeit und damit die Defektionsanfälligkeit erhöhen würde. Frei interpretiert entstehen Netzwerkeffekte durch den allumfassenden Welterklärungsansatz, und damit ein Kriterium für Pfadabhängigkeit und Persistenz (vgl. Karpe, 1997, 74). Die Änderung der kognitiven Regeln, die von der

---

[48] Die einzigen Kosten, die jemand trägt, der sich vom Buddhismus abwendet, sind die ‚versunkenen Kosten' der ehemals in die Praxis investierten Zeit.

[49] „Der Buddhismus ist vollends mit keinerlei ‚sozialer' Bewegung verknüpft oder parallel gegangen, hat auch nicht das mindeste ‚sozialpolitische' Ziel aufgestellt." (Weber, 1921, 245)

[50] Ähnlich ist die Situation im z. B. im Christentum, aber gegensätzlich z. B. im Islam und Hinduismus.

buddhistischen Praxis bewirkt wird, kann als „Errichtungskosten", und damit als ‚sunk costs' interpretiert werden. Diese sind ein weiteres Kriterium für Pfadabhängigkeit und Persistenz. Dadurch, dass das buddhistische institutionelle Setting nicht auf der äußeren Ebene bleibt, sondern mittels der Meditationspraxis tief in die Psyche eingraviert wird, ergibt sich ein sehr hohes ‚commitment' und keine andere Möglichkeit des Opportunismus oder der Defektion, als das System als Ganzes abzulehnen.

Diese Möglichkeit – das System als Ganzes abzulehnen – besteht jedoch durchaus. Wie oben beschrieben, setzt die buddhistische Lehre als einzige Austrittsbarriere die versunkenen Kosten der bisherigen buddhistische Praxis, gleichbedeutend mit Internalisierungskosten. Die Kosten der Ablehnung des ganzen Systems sind so vom Grad seiner Internalisierung abhängig. Während also das ‚commitment' der Akteure, die die buddhistische Weltsicht angenommen haben, sehr hoch ist, gibt es überhaupt kein ‚commitment' bei denen, die diese Internalisierung nicht freiwillig vollziehen. Es lässt sich folgern, dass die Möglichkeit der Defektion innerhalb des Systems äußerst gering ist, die Wahrscheinlichkeit der Defektion durch Ablehnung des gesamten Systems jedoch hoch.

4.3 Karma

Mit „Karma" (wörtlich: Handlung) wird im Buddhismus ein psychischer Prozess bezeichnet: Jede Handlung hat nicht nur eine äußeren Wirkung, sondern hinterlässt auch einen Eindruck im Bewusstsein des Handelnden. Dieser Eindruck ist Ursache des späteren Erlebens einer inneren Wirkung, die der äußeren gleichkommt. Zusammen mit der Hypothese, dass die gesamte äußere Welt nicht objektiv vorhanden, sondern nur ein Ausdruck des Geistes ist, ergibt sich aus der Karma-Lehre, dass die gesamte äußere Welt durch Handlungen geschaffen wird. Wenn die Welt aus dem Bewusstsein besteht, und das Bewusstsein von den durch die Handlungen hinterlassenen Eindrücken gefärbt ist, dann entsteht die Welt durch Handlung[51]. Die Vorstellung, durch die eigenen Handlungen die erlebte Welt zu schaffen, und die Verantwortung dafür unter keinen Umständen delegieren zu können, lässt jeder einzelnen Handlung aus Sicht der buddhistischen Ideologie eine enorme Bedeutung[52] zukommen.

Ein Buddhist wird sich bemühen nicht zufällig, sondern bewusst nach den buddhistischen Empfehlungen zu handeln, um sein Leben in die gewünschte Rich-

---

[51] Aus dem Sutra Weißer Lotus des großen Mitgefühls: „Die Welt ist aus Handlungen (Karma) gemacht; sie manifestiert sich aufgrund von Handlungen. Die Lebewesen sind aus Handlungen gemacht; die Ursache ihres Entstehens sind Handlungen; und aufgrund von Handlungen unterscheiden sie sich." (Gampopa, 1996, 82).
[52] „Man legt ständig selbst die Samen für sein Erleben, und es lohnt sich, sehr bewusst zu sein! Werden schädliche Eindrücke nicht entfernt, reifen auch sie als Erfahrungen heran, die denselben Gefühlsgehalt tragen wie ihre Ursachen." (Nydahl, 1998, 15).

tung zu lenken. Karma wird hierbei als eine Art Naturgesetz verstanden, das sich aus dem dualistischen Erleben zwangsläufig von selbst ergibt und nicht zu umgehen oder zu betrügen ist, außer durch die Überwindung von eben jenem dualistischen Erleben. Schließlich spielt sich Karma komplett im Bewusstsein des Akteurs ab, dem nach buddhistischer Auffassung nicht einmal durch den Tod zu entkommen ist.

Daher wird ein Buddhist bei der Auswahl seiner Handlungsoptionen die karmischen Auswirkungen in Betracht zieht. Aus ökonomischer Sicht bewirkt die Institution „Karma" eine Änderung der erwarteten Auszahlung einer Handlung. Sie besagt, dass der Akteur den Schaden, den er einem anderen zufügt, ebenfalls in mindestens gleicher Höhe tragen muss. Bezieht man diese „karmischen Kosten" in die Bewertung von Handlungsoptionen mit ein, werden die erwarteten Gewinne aus opportunistischem Verhalten neutralisiert. Gleichzeitig werden für altruistisches Verhalten karmische Gewinne – spirituelles Verdienst – in Aussicht gestellt. Ein Buddhist, der das Karma-Konzept internalisiert hat, wird karmische und reale Kosten bzw. karmisches und materiellen Verdienst gleichermaßen berücksichtigen.

North gibt zu bedenken: „Theoretisch viel schwieriger zu behandeln als vermögensmaximierende formlose Beschränkungen sind intern durchgesetzte Verhaltenskodizes, die ein Verhalten ändern. Schwierig ist das deshalb, weil man ein Modell konstruieren muss, das Entscheidungen betreffend den Abtausch zwischen Vermögen und anderen Werten vorhersagt." (North, 1992, 50). Im Vergleich zu anderen Ideologien macht die Karma-Theorie solch eine Analyse leicht. Zwar lassen sich karmische Kosten und karmisches Verdienst nicht genau beziffern, sodass sich auch hier kein mathematisches Modell entwickeln lässt. Es gibt aber die Aussage, dass die karmischen „Auszahlungen" mindestens so groß sind wie die „Einzahlungen" (Gampopa, 1996, 95). Die Karma-Lehre geht wie die Öknonomik davon aus, dass die Akteure Kosten-Nutzen-Analysen durchführen, wenn sie Handlungsoptionen abwägen. Die Entscheidung wird durch die Veränderung von Kosten und Nutzen gesteuert, ähnlich wie im Falle einer Steuer. Man könnte karmische Kosten als Strafsteuer auf opportunistisches Verhalten interpretieren, und karmisches Verdienst als Subvention von altruistischem Verhalten. Der Vergleich mit einer Steuer ist auch dahingehend korrekt, dass es weder für Steuern noch für Karma einen Markt gibt.

In der vorangegangenen Argumentation habe ich ‚Karma' als Institution interpretiert. Die Begründung dafür reiche ich nun nach. Kasper und Streit definieren Institutionen wie folgt: „Institutions are defined here as man-made rules which constrain possibly arbitrary and opportunistic behaviour in human interaction. Institutions are shared in a community and are always enforced by some sort of sanction. [...]. Rules with sanctions channel human actions in reasonably predictable paths, creating a degree of order. If various related rules are consistent with each other this facilitates the confident cooperation between people, so that they can take good advantage of the division of labour and human creativity." (Kasper/Streit, 1998, 28).

Im Rahmen der Karma-Lehre wird klar definiert, welche Handlungen zu Glück und welche zu Leid führen. Der Buddhist soll Unheilsames unterlassen und Heilsames tun. Damit wird das Verhalten eindeutig kanalisiert, wie in der Definition von Kasper und Streit gefordert. Auch ein Sanktionsmechanismus ist vorhanden, unter Buddhisten sogar in doppelter Hinsicht. Einerseits ist bei Zuwiderhandlung mit Kritik von Seiten der buddhistischen Gemeinschaft zu rechnen, schlimmstenfalls mit Ausschluss. Die eigentliche „Sanktion" erfolgt jedoch durch den oben beschriebenen psychischen Mechanismus aus der Erlebnisfähigkeit des Geistes der handelnden Person selbst heraus. Während es im ersteren Fall – Sanktion durch die Gemeinschaft – möglich ist, der Bestrafung dadurch zu entkommen, dass man sich nicht erwischen lässt, ist das im zweiten Fall – die Konsequenz entsteht als leidvolles Erleben aus dem eigenen Geist heraus – nicht möglich. Da dem eigenen Geist nicht zu entkommen ist, er nicht betrogen oder besänftigt werden kann, wird die zweite Form der Sanktion von den Buddhisten als viel weitreichender empfunden als die erste. Erkennt man die buddhistische Weltsicht an, so liegt es im Eigeninteresse, unheilsame Handlungen zu vermeiden und damit eigenes Leid abzuwenden, und stattdessen die heilsamen zu fördern. Die kontrollierende Instanz ist dabei der Handelnde selbst, sodass äußere Kontrollkosten nicht anfallen. Erst in zweiter Linie besteht die Kontrolle durch die Gemeinschaft.

Karma kann in der gelebten Praxis auch das Delegieren der Sanktion bedeuten. Das Vertrauen darauf, dass Fehlverhalten zwangsläufig durch den Ursache-Wirkungs-Prozess sanktioniert wird, soll vor emotionaler Überreaktion schützen. Die emotionale Reaktion wird durch eine „barmherzige" ersetzt, bei der der sich Fehlverhaltende nicht gemaßregelt wird, um ihn zu bestrafen, sondern um ihn vor den Folgen seines eigenen negativen Verhaltens zu schützen. Dieser etwas künstlich anmutende Schritt soll helfen, emotionales Verhalten – das nach buddhistischer Auffassung irrational ist – zu vermeiden, und mehr Distanz zur Beurteilung der Situation zu schaffen.

Wie lässt sich die Institution „Karma" aus ökonomischer Sicht beurteilen? North (1992, 70) schreibt: „Im Prinzip würde die Erfüllungssicherung eine neutrale Instanz erfordern, die die Fähigkeit besäße, kostenlos die Attribute eines Vertrages zu messen und ebenso kostenlos die Einhaltung von Vereinbarungen durchzusetzen, und zwar so, dass die Partei, welche ihrer Verpflichtung nicht nachkommt, die geschädigte Partei immer in einem Ausmaß zu entschädigen hätte, dass eine Vertragsverletzung kostspielig wäre." Diese Bedingung ist im Falle einer völligen Internalisierung der Institution ‚Karma' gegeben. Wie beschrieben besagt sie, dass das vorsätzliche Schädigen anderer zum eigenen Nutzen die Ursache dafür ist, in Zukunft einen persönlichen Verlust in mindestens gleicher

Höhe zu erfahren. Altruistisches Verhalten dagegen lässt positive karmische Auszahlungen erwarten. Opportunistisches Verhalten wird einerseits mit karmischen Kosten, andererseits mit entgangenem spirituellem Verdienst belegt. Damit wird es für den Akteur auf jeden Fall so kostspielig, dass es als Handlungsoption ausscheidet. Die Überwachung und Durchsetzung erfolgt dabei durch jeden einzelnen Akteur selbst, sodass keine äußeren Kosten entstehen.

Das Problem dabei ist, dass die Implementierung dieser Institution über freiwillige Internalisierung geschehen muss, da sie von „weltlichen" Instanzen[53] unabhängig ist. Sie ist bei den Menschen wahrscheinlicher, die ohnehin nur eine geringe Neigung zu opportunistischem Verhalten haben[54]. Ein notorischer Opportunist wird sich kaum mithilfe der Karma-Theorie zu kooperativem Verhalten bewegen lassen, da er die Kosten der Anpassung seines mentalen Modells an die Ideologie als prohibitiv hoch empfinden würde. Damit entfaltet der Buddhismus nur eine hohe Bindung bei seinen Anhängern, hat aber keine Möglichkeit, andere zu ähnlichem ‚commitment' zu bewegen. In einer säkularen Gesellschaft können die buddhistischen Institutionen ihre Kraft, sich selbst durchsetzende Verträge zu geringen Kosten[55] zu bewirken, nur innerhalb der buddhistischen Gruppe entfalten. Dies steht im Gegensatz zu formalen und informellen Institutionen, die der gesamten Gesellschaft gemein sind. Hier hat der Einzelne nicht die Wahl, die Norm kostenlos abzulehnen, um der Sanktion zu entgehen[56]. Dieses institutionelle Setting sorgt dafür, dass der Buddhismus außer in Form von Appellen wenig tun kann, um die Gesellschaft zu beeinflussen.

Hierin liegt sicher auch der Grund, warum im Verlauf der Geschichte aus dem Buddhismus heraus nie die Kraft gekommen ist, bestehende gesellschaftliche Strukturen tiefgreifend zu verändern. Nicht konforme Strukturen (wie beispielsweise das Kastenwesen) wurden von Seiten des Buddhismus bestenfalls ignoriert[57] (vgl. Weber, 1921, 245 und 247). Als Fazit erhält man folgendes Dilemma: die buddhistische Interpretation der Karma-Theorie erscheint als äußerst effiziente und wohlfahrtssteigernde[58] Institution, deren Wirkungsvoraussetzung jedoch ein extremes ‚commitment' ist, dass sich unter keinen Umständen er-

---

[53] Das Gleiche gilt für Götter, die in der buddhistischen Lehre keine Funktion haben. Die Wirkungsweise von Karma wird wie ein Naturgesetz verstanden.

[54] Andernfalls wären die Anpassungskosten zu hoch, siehe ‚mentale Modelle', oder vgl. Karpe (1997, 41).

[55] Tatsächlich entstehen Kosten der Implementierung, in Form von Anpassung der mentalen Modelle an die Ideologie. Das erfolgt durch die zeitaufwendige buddhistische Praxis, die als Investition verstanden werden kann.

[56] Dieser Fall lässt sich z. B. mit einem Dieb bebildern, der nach dem Diebstahl sagt: „Ich akzeptiere das Strafrecht nicht.", und damit ohne Prozess auf freiem Fuß bleibt.

[57] „Die Nichtbeachtung der Unterschiede der Stände durch den Buddhismus bedeutete keine soziale Revolution." (Weber, 1921, 245) „Innerhalb der Welt aber die soziale Ordnung zu ändern, hat weder der alte noch der spätere Buddhismus versucht." (ebenda, 247)

[58] „Internalised rules that establish trustworthiness also save costs compared with a situation where trust depends on explicit, mutual contracts that have to be negotiated and monitored." (Kasper/Streit, 1999, 104)

zwingen lässt. Damit werden die Vorteile der Institution als solche hinfällig, bzw. können sich nur innerhalb der buddhistischen Gruppe entfalten (wenn wir die buddhistische Gruppe an dieser Stelle als Gruppe derer verstehen, die glaubhaft versichern können, das Vertrauen in Karma internalisiert zu haben). Die buddhistischen Gruppen haben noch keine gesellschaftlich kritische Masse erreicht.

5 PERSPEKTIVWECHSEL: INSTITUTIONEN AUS BUDDHISTISCHER SICHT

5.1 Institutionelle Entstehungsgeschichte im Aggañña Suttanta

Das Aggañña Suttānta beschreibt einen buddhistischen Weltentstehungsmythos. Es ist Bestandteil des Palikanons, wird aber auch in Vasubandhus grundlegendem Werk „Schatzhaus des Höheren Wissens" (Abhidharmakośa) genannt, und hat damit in alle buddhistischen Schulen Eingang gefunden. Eine Übersetzung findet sich im Anhang[59].

Wie lässt sich eine Entstehungsgeschichte mit einer Philosophie in Zusammenhang bringen, die keinen Schöpfer kennt? Meiner Auffassung nach ist das Aggañña Suttānta nicht wörtlich zu nehmen, sondern beschreibt die psychologische Degeneration der Mitglieder einer Gesellschaft und deren Auswirkung auf dieselbe, sowie die Entstehung eines gesellschaftlichen Konsens und des Staates. Daher lässt sich diese Quelle nutzen, um einmal eine idealisierte Welt voller „guter" Menschen zu zeigen, und im Gegensatz dazu die Second-best-Lösungen für eine Welt von vom Eigennutz getriebenen Bewohnern.

Die Lehrrede beschreibt u. a., dass die Schaffung von Institutionen notwendig ist, um das kooperative Verhalten eigennütziger Individuen innerhalb einer Gesellschaft zu sichern. In einer Welt ohne Knappheit (dem Ausgangszustand im Aggañña Suttānta) sind keine Institutionen und keine Gesellschaftsordnung nötig. Es ist eine typisch buddhistische Denkweise, dass nicht die Knappheit die Begierde verursacht, sondern die Begierde die Knappheit. Schließlich ergibt sich aus der Karmalehre, dass durch Begierde motivierte Taten letztendlich zum Erleben von Verlust führen (vgl. Gampopa, 1996, 90).

So bringt auch die Begierde – der Eigennutz – den im Aggañña Suttānta beschriebenen Degenerationsprozess in Gang. Er wird in dem Moment gestoppt, in dem das Privateigentum eingeführt wird: „Lamenting their condition and the degenerated state to which „evil and immoral customs" had led them, the beings now resolved to divide off the rice fields and set boundaries hereto." Im buddhistischen Sinne wird das Privateigentum also weniger als Recht des Einzelnen, sondern mehr als Begrenzung der Gier des anderen verstanden. Was nicht immer funktioniert, und im Fall des Versagens z. B. zu Diebstahl führt. Um dies zu verhindern, müssen gleichzeitig Sanktionsmechanismen eingeführt werden. Auch sie werden im Aggañña Suttānta beschrieben: „But then one being of

---

[59] Die Zitate in diesem Kapitel stammen nicht aus dem Originaltext, sondern sind eine Zusammenfassung desselben von Green. Da der Originaltext sehr lang ist, halte ich dies für die sinnvollste Vorgehensweise, um den Faden der Argumentation nicht zu verlieren. Im Anhang findet sich dann eine vollständige deutsche Übersetzung der relevanten Abschnitte des Sutras.

„greedy disposition", while watching over his own plot, stole another's plot and made use of it. The others seized and remonstrated with him, but he persisted in his conduct until the others were forced to strike him with their hands, with clods, and with sticks. Thus "did stealing" appear, and censure and lying and punishment"." Die exemplarische Gemeinschaft hat nun das Problem zu bestimmen, was erlaubt und was verboten ist, und über die Einhaltung der Regeln zu wachen. Zu diesem Zweck wählt sie einen Herrscher: „Gathering together to bewail these things, the community resolved to select one among them to censure what should rightly be censured. They chose the most attractive and most capable of their number for this task and agreed to give him a proportion of their rice in payment for his services. The king "chosen by the whole people" was given the name Mahā Sammata, the great elect."

Hieraus lässt sich ableiten, dass externe Institutionen aus buddhistischer Sicht auf einem gesellschaftlichen Konsens beruhen sollten. Schließlich entscheidet die gesamte Gesellschaftsversammlung über die Regeln und wählt einen Repräsentanten, der sie vertreten und überwachen soll. „Because all persons are morally equal, all should have a say in the establishment of the principles or institutions that govern their society.", interpretiert Green (1990, 232). Es ist auch bemerkenswert, dass der Repräsentant aufgrund der Befähigung für seine Aufgabe ausgewählt wird, und nicht durch Sieg im Kampf, adelige Geburt, „von Gottes Gnaden", oder Ähnliches. Dies ist ein Gedanke, der sich mit unserer modernen Sichtweise gut vereinbaren lässt.

Auffällig ist aber vor allem, dass hier, um die Begierde der Menschen in Schranken zu weisen, als logische Konsequenz die Institution des Privateigentums genannt wird. Mir ist keine buddhistische Quelle bekannt, die Gemeinschaftseigentum auch nur andenken würde. Umso erstaunlicher ist es, dass immer wieder Versuche von Autoren gibt, den Buddhismus in die Nähe des Kommunismus zu rücken[60]. Meiner Meinung nach zeichnet sich die buddhistische Psychologie aber durch viel zu großen Realismus aus, als dass sie diese Meinung tatsächlich vertreten haben könnte. Das Problem der Drückebergerei (shirking) und des Trittbrettfahrens (free riding) war mit Sicherheit bereits dem Buddha bekannt, weshalb er so genau auf die nachteilige Auswirkung opportunistischen Verhaltens auf die allgemeine Wohlfahrt einging.

---

[60] So wird bspw. Buddhadasa Bhikkhu von Werner Liegl (2000, 68) zitiert: „Wir müssen eine Möglichkeit finden, Reiche und Arme so miteinander zu vereinen, dass sie gemeinsam an der Herstellung dessen arbeiten, was wir alle zu unserer Ernährung, unserem täglichen Bedarf und zu einem gesunden Leben benötigen. Und wiederum – alles, was darüber hinausgeht, könnte dann zum Wohle der Allgemeinheit verwendet werden. Das wäre die allerbeste Ökonomie – das wäre Dharma-Sozialismus". Und der Dalai Lama sagt (in „Einführung in den Buddhismus – die Vorträge in Harvard"): „Ich glaube, dass es trotz aller Unterschiede zwischen Marxismus und Buddhismus im allgemeinen und dem Buddhismus des Großen Fahrzeugs im besonderen Gemeinsamkeiten gibt." Hierbei muss man allerdings bedenken, dass gerade die Aussage des Dalai Lama auch einen politischen Hintergrund haben kann, da er immer noch mit der chinesischen Regierung über die Zukunft Tibets verhandelt.

5.2 Rechte und Pflichten

Grob abstrahiert lässt sich feststellen, dass wir westlich rechtsstaatlich geprägte Menschen unser Verhältnis dem Staat und unbekannten Mitgliedern der Gesellschaft gegenüber über Rechte definieren. Der Buddhismus dagegen tut dies mittels Pflichten, bzw. ‚contribution'. Während sich aus der Karma-Theorie die Pflicht ableitet, andere nicht zu schädigen, verpflichtet das Bodhisattva-Ideal, einen aktiven Beitrag für die Menschen in der Umgebung zu leisten. So ist auch das Verhältnis eines Buddhisten zur Gesellschaft formuliert. Obwohl auch nach unserem Verständnis das Recht des einen mit der Pflicht eines anderen einhergeht, sind diese beiden Sichtweisen nicht so deckungsgleich, wie man vermuten könnte. Der Hauptunterschied besteht wohl darin, dass ein Recht ein positives Gut darstellt, dass veräußerbar ist. Richter und Furubotn (1999, 102f.) diskutieren dies ausführlich anhand eines Beispiels eines Rauchers und eines Nichtrauchers, und stellen fest, dass es sich auf die Verteilung von Geld unter den beiden auswirkt, ob entweder der Raucher das Recht hat zu rauchen, oder der Nichtraucher auf rauchfreie Luft. Richter und Furubotn stellen fest, dass es sich in jedem Fall um ein Verfügungsrecht handelt, das handelbar und damit Geld wert ist. Ein Verfügungsrecht ist handelbar, eine Pflicht nicht.

Aus buddhistischer Sicht wäre der Fall des Rauchers und des Nichtrauchers anders zu interpretieren. Ist der Rauch gesundheitsschädlich, begeht ein Raucher die unheilsame Handlung, den Körper eines anderen zu schädigen, wenn er wissentlich in Kauf nimmt, dass dieser den Rauch einatmet. Diese schädigende Handlung trägt die entsprechenden negativen karmischen Konsequenzen nach sich, unabhängig davon, ob er dem Nichtraucher eine finanzielle Kompensation anbietet oder nicht. Darum hätte aus buddhistischer Sicht der Raucher die Pflicht, die Gesundheit anderer zu schützen, und das Rauchen in Gegenwart anderer zu unterlassen. Wie bereits oben gesehen, sind für den Buddhisten nicht nur die realen Kosten relevant, sondern auch die karmischen. Für karmische Kosten gibt es keinen Markt und keinen Tausch, da sie im Rahmen eines psychisch-mentalen Prozesses entstehen, und daher nicht übertragbar sind (vgl. Gampopa, 1996, 94).

Karmische Kosten fallen aus buddhistischer Sicht immer dort an, wo ein anderer geschädigt wird. Das bedeutet, dass es in den Fällen zum Konflikt kommt, in dem ein Verfügungsrecht die Schädigung eines anderen einschließt, wie in dem oben beschriebenen Fall. Je nachdem, als wie hoch der Buddhist die karmischen Kosten einschätzt, kann es zur Folge haben, dass er das entsprechende Verfügungsrecht entweder gar nicht ausübt, oder nur in eingeschränktem Umfang. Die karmischen Kosten mindern also den Wert eines Verfügungsrechts. Übersteigen die karmischen Kosten gar den Wert der Ausübung seines Rechts, so wird für den Buddhisten das Verfügungsrecht völlig wertlos.

Aber auch hier kommt es zu dem im Zusammenhang mit der Governancestruktur und der Karma-Lehre beschriebenen Dilemma: ein Buddhist mit entsprechendem commitment wird zwar selbst zusätzlich zu den realen Kosten die karmischen berücksichtigen, er hat aber keine Möglichkeit, sein Gegenüber dazu zu verpflichten, das Gleiche zu tun. Das ist anders, wenn man die einzelnen Akteure der Gesellschaft mit Rechten und entsprechenden Durchsetzungsinstitutionen ausstattet. Der Inhaber eines Rechts sieht es gleichsam als sein Eigentum an, und droht bei Beschädigung glaubhaft mit Strafe. Somit ist er nicht mehr alleine auf den guten Willen des anderen angewiesen.

Es ist wahrscheinlich, dass das System der Rechte in einer Welt eigennützig motivierter Individuen besser funktioniert. Damit könnte man es aus buddhistischer Sicht, ähnlich wie wir es schon im Zusammenhang mit dem Eigentum im Aggañña Suttānta besprochen haben, als Second-best-Lösung bezeichnen. Aus buddhistischer Sicht besteht der Nachteil darin, dass ein Großteil der Rechte anderer nicht um derentwillen respektiert werden, sondern aufgrund der Androhung von Strafe. Gleichzeitig ist dies aber immer noch dem völligen Nichtrespektieren von z. B. körperlicher Unversehrtheit oder Eigentum vorzuziehen. Von daher besteht zwischen der buddhistischen Auffassung und der westlichen zwar eine Differenz, sie stehen aber auf keinen Fall in direktem Widerspruch zueinander. Ein praktizierender Buddhist wird kein Problem damit haben, sich in das bestehende Rechtssystem einzuordnen, auch wenn er selber bestimmte Rechte aus karmischen Gründen nicht ausschöpfen wird, und in anderen Fällen aufgrund seiner intrinsischen Motivation der extrinsischen nicht mehr bedürfte.

Ihara fasst diesen Unterschied wie folgt zusammen: „the change to a modern concept of rights is one from conceptualizing the duties and obligations as the role-responsibilities of persons in a cooperative scheme to seeing them as constraints on individuals in their interactions with other individuals all of whom are otherwise free to pursue their own objectives" (Ihara, 1998, 49). Aber auch Ihara gibt zu bedenken, dass das Konzept der Rechte der heutigen Zeit angemessener sein könnte: "It might be that given the nature of modern moral discourse, not only in the West, but increasingly around the world, and including the increasingly multi-cultural and often chaotic nature of modern society, that rights-talk is the best way of coping with a world without common customs and traditions" (Ihara, 1998, 49).

6 Zur Vereinbarkeit auf der Meta-Ebene: Buddhismus und Markt

6.1 Grundlagen des Marktes

Wie oben besprochen, bedarf es eines gesellschaftlichen Konsens, die Güterallokation innerhalb der Gesellschaft über den Markt vorzunehmen. Voraussetzung dafür ist das Bestehen privater Eigentums- oder Verfügungsrechte, die gehandelt werden können. Freier Vertragsabschluss zwischen allen Gesellschaftsmitgliedern ist eine weitere Voraussetzung. Das ist nur möglich, wenn die Gesellschaftsmitglieder von einer prinzipiellen Gleichheit untereinander ausgehen (im Unterschied zum Standesdenken). Ein Charakteristikum des Tausches auf dem Markt ist der Wettbewerb. Der Wettbewerb erfolgt über Produkt und Preis. Um den gesellschaftlichen Konsens über die Marktallokation aufrecht zu erhalten, ist es notwendig, dass die Menschen die Verteilung nach diesen Wettbewerbskriterien als „gerecht" empfinden[61]. Die drei Punkte – Eigentumsrechte, Vertragsfreiheit sowie Wettbewerb – identifizieren Kasper/Streit als substanziell für das kapitalistische System (Kasper/Streit, 1998, Kap. 7, 8).

Ich stimme Kaspar und Streit zu, dass die genannten Konzepte konstitutiv für die Marktwirtschaft sind. Ich halte es aber für angebracht, sie um einen weiteren Punkt ergänzen, und zusätzlich auf das Verhältnis der buddhistischen Lehre zu materiellem Wohlstand eingehen. Wie wir bereits gesehen haben, ist das letztendliche Ziel im Buddhismus ein immaterielles. Die Zufluchtnahme, durch die ein Buddhist zu einem solchen wird, verlangt die Ausrichtung des gesamten Lebens auf das immaterielle Ziel. In der Ökonomie hingegen geht es ausdrücklich um materiellen Wohlstand. Diese Diskussion wäre unvollständig, wenn nicht untersucht würde, welche Auswirkungen die Abwertung des ökonomischen Ziels im Vergleich zum spirituellen hat.

Ich werde also das Verhältnis buddhistischer Institutionen und Interpretationen zu marktwirtschaftlichen Institutionen klären. Diese Diskussion muss auf einer abstrakten Ebene erfolgen. Einerseits, weil der Buddhismus nie eine bestimmte Gesellschaftsordnung religiös legitimiert hat, und somit nur wenig explizite Aussagen zu diesem Thema vorhanden sind. Andererseits sind selbst diese wenigen vorhandenen buddhistischen Aussagen aufgrund ihres Alters nicht ohne eine Analyse der zugrunde liegenden Intention auf die heutige Welt übertragbar.

6.1.1 Freiheit und Gleichheit

„High and rising standards of living thus require that people and firms are free to contract, in other words, have the greatest possible autonomy to dispose of their property rights. This maxim is not fulfilled if social customs preclude many con-

---

[61] Was zum Teil schon nicht beim Sozialstaat der Fall ist, weshalb in den Markt eingegriffen wird.

tractual uses of property rights […]." (Kasper/Streit, 1998, 193). Die Idee der privaten Autonomie basiert ihrerseits auf dem Konzept von Freiheit und Gleichheit der Gesellschaftsmitglieder. „Positiv ist Freiheit definiert als freier, selbstdeterminierter Entfaltungsprozess der menschlichen Kräfte." (Karpe, 1997, 85). Negativ definiert bedeutet Freiheit die Abwesenheit von Zwang (Karpe, 1997, 86). Gleichheit bedeutet hier, dass niemand von vornherein (z. B. aufgrund von Geschlecht, Rasse, Stand, etc.) von zwischenmenschlicher Interaktion ausgeschlossen ist, in ökonomischem Zusammenhang insbesondere von Markttransaktionen. Es ist zu untersuchen, inwieweit die buddhistische Sichtweise mit diesen Konzepten übereinstimmt.

Der Buddhismus vertritt die Auffassung, dass die letztendliche Natur aller Menschen gleich ist, die Menschen sich aber momentan aufgrund ihrer Handlungen und Gewohnheitstendenzen unterscheiden (Gampopa, 1996, 23f.). Diese Ansicht äußerte sich zur Zeit Buddhas darin, dass er das existierende Ständeprinzip missachtete (Weber, 1921, 245) und auch Frauen und Männer für gleichermaßen erleuchtungsfähig hielt, weshalb er beide als Nonnen bzw. Mönche ordinierte (Weber, 1921, 228). Zu den „vier grenzenlosen Tugenden" die der Buddhist zu üben versucht, gehören Liebe, Mitgefühl, Freude und Gleichmut allen Wesen gegenüber[62]. Dies sind spirituelle Beispiele, die jedoch aufzeigen, dass es der buddhistischen Lehre fern liegt, irgendeinen Menschen per se von Interaktionen auszuschließen. Diese Haltung lässt sich auf „weltliche" Handlungen übertragen, sodass gesagt werden kann, dass das buddhistische Verständnis von Gleichheit als konform mit dem westlichen verstanden werden kann.

Deutlich zu sehen ist die buddhistische Ablehnung von Zwang. Sie geht so weit, dass das System sich selber in die Position bringt, als institutional choice jederzeit angenommen, aber auch jederzeit abgelehnt werden zu können, und keinen Durchsetzungsmechanismus implementiert. Auch die hauptsächlich verhaltenskanalisierende Institution, die Karma-Lehre, arbeitet nicht mit Zwang oder Drohung, sondern über eine Änderung der Preise. Ob ein Akteur karmische Kosten und Erträge mit realen gleichsetzt, bleibt ihm selbst überlassen. Die Entscheidung, welche Handlung er ausführt, wird ihm nicht abgenommen. Damit rückt das buddhistische Verständnis von Karma in die Nähe von Popper, der sagt: „Der Mensch ist frei, nicht weil er frei geboren, sondern weil er mit einer Last geboren ist – mit der Last der Verantwortung für die Freiheit seiner Entscheidung." (Popper, 1980, 19; zitiert in Karpe, 1997, 95). Da nach buddhistischer Auffassung die Welt durch Handlungen erschaffen wird, hat der Mensch die Freiheit, seine Welt zu schaffen. Er trägt aber auch die volle Verantwortung für

---

[62] Eine der bekanntesten Mahayana-Meditationen hat den folgenden Inhalt: Man entwickelt Mitgefühl in der Art, dass man sich zuerst die Liebe zu seiner Mutter (oder dem Menschen, der einem sonst am nächsten steht) vorstellt, und sich dann in der Meditation bemüht, diese Liebe auf alle Wesen auszudehnen (vgl. Seegers, 2002, 52 oder Nydahl, 1994, 73).

das Resultat seiner Entscheidungen. Das versteht der Buddhismus unter relativer Freiheit. Absolute Freiheit bedeutet im Buddhismus die Befreiung aus der Eigendynamik der Gewohnheitstendenzen, woher auch die Bezeichnung „befreiende Handlungen" rührt. Freiheit in diesem Sinne muss erarbeitet werden. Das Potenzial dafür ist jedoch in jedem gleichermaßen vorhanden. Wichtig ist festzuhalten, dass sowohl im Buddhismus als auch nach westlicher Auffassung Freiheit im Zusammenhang mit Verantwortung innerhalb eines auf Kausalität beruhenden Weltverständnisses gesehen wird. Auch wenn die westliche Sichtweise keine karmischen Kosten und Erträge kennt, steht das Verständnis von ‚Freiheit' in beiden Systemen nicht im Widerspruch zueinander.

Diese Feststellung scheint verwunderlich, da in traditionell buddhistischen Ländern oft wenig freiheitliche politische Systeme herrschen. So vermutet Karpe (1997, 100): „Besser scheinen die Chancen der Durchsetzung freiheitsfördernder Institutionen in den hoch entwickelten Industriestaaten zu stehen, in denen eine gewisse (abendländische) Tradition für freiheitsliebende Institutionen existiert." Meiner Meinung nach konnte die Gleichheit und Freiheit, die im Buddhismus gelehrt wird, innerhalb der in Asien schon bestehenden Gesellschaftssysteme nicht voll zum Ausdruck kommen. Durch seinen individualistischen und purifikativen[63] Ansatz konnte er keine umwälzende gesellschaftliche Kraft werden. Innerhalb einer freiheitlich demokratischen Gesellschaft werden die bestehenden Werte aber durch den Buddhismus noch weiter verstärkt werden.

6.1.2 Wettbewerb

Das Verhältnis des Buddhismus dem Wettbewerb gegenüber mag von außen betrachtet als eigenartige Gratwanderung erscheinen. Die Ursache hierfür ist, dass der Buddha ausschließlich Belehrungen darüber gegeben hat, wie das von ihm postulierte Endziel – die Erleuchtung – zu erreichen ist, und sich zu anderen Fragestellungen nie geäußert hat[64] (Frauwallner, 1969, 18). Nun gibt es aber zwischen dem Ziel der Erleuchtung und ökonomischen Zielen (wenn wir Ökonomie als Wissenschaft vom Umgang mit knappen Gütern[65] verstehen) den entscheidenden Unterschied, dass Erleuchtung kein knappes Gut ist, sondern ihre Erreichung nach buddhistischer Aussage jedem offen steht, ohne einen anderen

---

[63] „We may summarize these different approaches to social change, as we suggested at the outset, by calling the Buddhist approach a strategy of *purification* and calling the Christian approach a strategy of *transformation*. [...] Buddhism's strategy of purification envisions improvement and decline as gradual developments involving methods and processes continuous with the present order." (Lovin, 1990, 205).

[64] „Philosophische Fragen, soweit sie nicht unmittelbar den Erlösungsweg angehen, lehnte der Buddha, wie wir bereits gesagt haben, ab. [...] er geht auf diese Fragen nicht ein und schweigt dazu, weil sie „nicht zur Abkehr (vom Irdischen), zur Leidenschaftslosigkeit, zur Aufhebung (des Vergänglichen), zur Beruhigung, zur Erkenntnis, zur Erleuchtung, zum Erlöschen führen."" (Frauwallner, 1969, 18).

[65] „Microeconomics is the study of how people choose under the conditions of scarcity." (Frank, 1994, 3).

von ihr auszuschließen. Aus ökonomischer Sicht ist Erleuchtung damit ein ‚freies Gut': „One case may be that the good in question is not scarce, that is, users need not compete with each other. We then speak of a free good. Free goods are provided by nature and may be claimed for the mere trouble of claiming." (Kasper/Streit, 1998, 179). Wenn nun buddhistische Literatur den Wettbewerb um ein freies Gut belächelt oder kritisiert (z. B. Nydahl, 1994, 59), besteht kein Widerspruch zur ökonomischen Sichtweise. Für einen Ökonomen wäre es ebenfalls irrational, neidisch zu sein, weil die Sonne auch in den Garten des Nachbarn scheint. Es wird also deutlich, dass sich die Aussagen, die über Wettbewerb in Bezug auf freie Güter gemacht werden, sich nicht eins zu eins auf knappe Güter übertragen lassen.

Um das zwiespältige Verhältnis des Buddhismus zum Wettbewerb näher zu beleuchten, muss auf einer tieferen Ebene angesetzt werden, auf der Ebene buddhistischer Psychologie. Nach der Karma-Theorie ist die Knappheit der Güter abhängig vom Geisteszustand der Gesellschaftsmitglieder (vgl. Aggañña Suttanta). Begierde ist nicht nur Resultat, sondern gleichzeitig die Ursache für Knappheit (Gampopa, 1996, 90). Begierde hängt auf das Engste mit den so genannten „Störgefühlen"[66] zusammen. Wettbewerb, der auf Rivalität beruht, ist ein aus buddhistischer Sicht ein guter Nährboden für Störgefühle, und als solcher zu vermeiden.

Die Ökonomik versteht mit Hayek Wettbewerb als Entdeckungsverfahren, und damit positiv als die dezentrale Suche nach immer besseren Lösungen für menschliche Bedürfnisse, und damit als Voraussetzung für Wirtschaftswachstum[67] und Wohlstand[68] (Kasper/Streit, 1998, Kap. 8). Persönliches Streben und das Entdecken besserer Lösungen für menschliche Probleme sind auch im Buddhismus positiv konnotiert, im Gegensatz zur Rivalität. Als Lösung aus diesem Dilemma sucht der Buddhismus das Entdeckungsverfahren ohne Wettbewerb, bzw. genauer gesagt, ohne Rivalität. Das äußert sich in der Regel durch eine ausschließliche Ausrichtung auf das Ziel, und die weitgehende Ausblendung der Konkurrenz als Referenz. Diese „Scheuklappen" sind dabei kein Selbstzweck, sondern Mittel zur Vermeidung von Störgefühlen, auf die verzichtet werden kann, solange keine Störgefühle aufkommen. Konkreter formuliert bedeutet das, den Fokus auf den maximalen Kundennutzen unter „Nichtbeachtung" der Konkurrenz zu richten. Auch die Suche von Nischen wird durch diese Einstellung ermutigt. Der Wettbewerb über Produkt und Preis in der Marktwirtschaft ist vom Prinzip her auf den Kundennutzen ausgerichtet, von daher ist es

---

[66] Aus dualistischem Erleben heraus resultieren direkt die drei „Hauptstörgefühle" Begierde, Abneigung und Verwirrung. Diese wiederum sind direkte Ursache für Leid.

[67] „The game is, to use up to date language, not a zero-sum game, but one through which, by playing it according to the rules, the pool to be shared is enlarged." (Hayek, 1968, S. 78).

[68] „Competition has, therefore, to be understood as a process in which useful knowledge is sought, tested and affirmed" (Kasper/Streit, 1999, 225).

zumindest nicht auszuschließen, dass die buddhistische „Gratwanderung" auf dem Markt überlebensfähig ist. Da dies keine empirische Arbeit ist, kann hierzu aber keine gesicherte Aussage getroffen werden.

Wettbewerb basiert auf der Idee des individuellen Strebens. Dieses ist im Buddhismus vom Prinzip her bekannt, wird allerdings ausschließlich auf die Erleuchtung ausgerichtet[69]. Es kommt auf die Interpretation des buddhistischen Weges an, ob es auf weltliche Dinge übertragbar ist oder nicht. Einen generellen Unterschied gibt es aber in jedem Fall. Das buddhistische Streben ist ausschließlich auf das Ziel ausgerichtet. Referenzpunkt für die Messung des Erfolges ist damit, inwieweit man dem Ziel näher gekommen ist, und nicht, inwieweit man besser als die Konkurrenz ist. Die Konkurrenz wird nicht als Referenz im Wettbewerb anerkannt, um Störgefühle zu vermeiden. Aus dieser Zielfixierung ergibt sich der Hauptunterschied zu marktwirtschaftlichem Wettbewerb. Während ersterer in erster Linie auf die Erzielung von Gewinn gerichtet ist, ist das Ziel des buddhistischen Strebens „Glück" oder „Zufriedenheit". Daraus ergibt sich, dass individuelles Streben zwar im Buddhismus bekannt ist und gestärkt wird, es aber aufgrund der unterschiedlichen Nutzenfunktionen nicht zwangsläufig marktwirtschaftlich nutzbar gemacht werden kann. Man kann also sagen, dass individuelles Streben eine notwendige Bedingung für marktwirtschaftlichen Wettbewerb ist, aber keine hinreichende. Nur die Kombination von individuellem Streben mit dem Ziel der monetären Gewinnerwirtschaftung und der Vorstellung, dass mehr immer besser ist (Frank, 1994, 74), kann zu marktwirtschaftlichem Wettbewerb führen.

In diesem Sinne kann individuelles Streben, wenn es auf nicht-monetäre Ziele gerichtet ist, dem Wettbewerb auf dem Markt sogar die Dynamik nehmen. Es lässt sich nicht ausschließen, dass die buddhistische Ideologie diesen Effekt haben kann. Nach Kasper/Streit (1998, 227) ist die Dynamik des Wettbewerbs entscheidend dafür, wie gut er seine Aufgabe als „Entdeckungsverfahren" erfüllen kann. Aus Sicht des Buddhismus ist die ökonomische Aktivität aber eine Nebensächlichkeit, was dazu führt, dass die Akteure einen Großteil ihrer Energie und Kreativität nicht in den Marktprozess, sondern in ihr Streben nach spiritueller Entwicklung einbringen. Obwohl es buddhistisch gesehen ebenfalls nützlich ist, bessere Lösungen für die praktischen Probleme der Menschen zu finden (die sich dann auf dem Markt verkaufen lassen), so ist dies nur *relativ* (d. h. samsarisch) nützlich, und nicht *absolut* (d. h. nicht befreiend). Angesichts der vom buddhistischen Weg in Aussicht gestellten Erleuchtung – absolutem Glück – verblasst für den Anhänger jedes weltliche, bedingte Glück[70] (Nydahl, 1994, 22).

---

[69] Vgl. mit der vierten befreienden Handlung.
[70] „»Es gibt Leid« bedeutet einfach, dass neben der ständigen Frische der Erleuchtung jede Erfahrung »dünn« ist" (Nydahl, 1994, 22).

Aus der buddhistischen Ideologie ergibt sich, dass „Wettbewerb als Entdeckungsverfahren" auf anderen Gebieten als dem ökonomischen zum Tragen kommt, und daher wahrscheinlich zu Höchstleistungen in diesen anderen Bereichen[71] führt, während die wirtschaftlichen untergeordnet werden. Somit ließe sich nicht ausschließen, dass in einer Gesellschaft, in der die Zahl der Buddhisten eine kritische Masse erreicht hätte, die Dynamik des ökonomischen Wettbewerbs abnähme. Der Grund hierfür ist die Verschiebung des Interesses vom Materiellen ins Spirituelle, und die Unterordnung der Ökonomie unter die buddhistische Ideologie. Zusammenfassend kann man sagen, dass die unterschiedliche Definition des Ziels in der Ökonomik und im Buddhismus sich hier niederschlägt, was nichts anderes bedeutet, als dass jeder der beiden Wege zu dem jeweils angegebenen Ziel führt, und damit innerhalb des eigenen Systems konsequent, zielführend und damit rational ist.

6.1.3 Verfügungsrechte und Privateigentum

6.1.3.1   Privateigentum aus buddhistischer Sicht

Die Diskussion von Verfügungsrechten und Eigentum muss auf die vorangegangene Diskussion von ‚Institutionen aus buddhistischer Sicht' und ‚Recht und Pflicht' Bezug nehmen. Nach dem Aggañña Suttānta werden staatliche Institutionen als Garant für die Eigentumsrechte vorgeschlagen. Das deckt sich mit der institutionenökonomischen Sichtweise: „Daraus folgt, dass eine Theorie der Verfügungsrechte nicht wirklich vollständig sein kann ohne eine Theorie des Staates" (Richter/Furubotn, 1999, 129). Insofern besteht eine ungefähre Übereinstimmung auf dieser abstrakten Ebene. ‚Ungefähr' deshalb, weil der Buddhismus das Eigentumsrecht an Sachen kennt, das darüber hinausgehende Konzept von Verfügungsrechten - „Verhalten von anderen einfordern" (Richter/Furubotn, 1999, 5) zu können – ist dem ihm dagegen unbekannt.

Huxley analysierte das den Diebstahl betreffende Fallrecht in der buddhistischen Mönchsgemeinschaft, und leitete daraus folgendes Verständnis von Eigentumsrechten ab: „Neither hungry ghosts nor predatory animals have property rights. When an animal predator or a human thief takes human-owned property, the human property rights in it remain. Humans (collectively or individually) do have property rights. Dead humans have rights which should be respected for some time past the moment of death. Non-fungibles belonging collectively to

---

[71] Eine solche Feststellung macht Weber für das alte Tibet: „Die alte chinesische militärische Fronorganisation einerseits, die lamaistische mönchische Asketen-Organisation mit ihren frondenden, steuernden und spendenden Untertanen andererseits erzeugten hier Kultur auf Gebieten, welche vom kapitalistischen Rentabilitätsstandpunkt aus teils zur allerextensivsten ewigen Weide, teils geradezu zur Wüste, jedenfalls nicht zum Standort von großen Bauten und künstlerischer Produktion bestimmt sein würden, und die mit dem Verfall jener Organisation auch vermutlich dem von jeher über ihnen schwebenden Schicksal ewiger Versandung entgegengehen werden." (Weber, 1921, 316).

the sangha can be stolen (though destroying them is not theft). Fungibles owned collectively by the sangha can be stolen by an individual monk (but monks can help themselves to fruit in a strange monastery if they are hungry)." (Huxley, 1999, 12).

Huxley leitet demnach ab, dass im Buddhismus ein Verständnis von Eigentumsrechten existiert. Auch aus dem Aggañña Suttānta lässt sich eine Rechtfertigung für Privateigentum ableiten: aus buddhistischer Sicht ist es gleichzeitig Resultat von und Gegenmittel[72] gegen Gier. Diese Begründung unterscheidet sich von der ökonomischen. Allerdings geben auch Richter und Furubotn (1999, 126) zu bedenken, dass Privateigentum legitimiert werden muss: „Aber Eigentum hat auch eine starke verteilungsspezifische und somit moralische Komponente, und Privateigentum bedarf der Rechtfertigung. Naturrechtsphilosophen nahmen diese systematisch anhand von Effizienzgründen vor – so Hume mit seiner utilitaristischen Rechtfertigung." Aus ökonomischer Sicht sorgen die Anreize des Privateigentums für Wirtschaftswachstum, im Sinne Hayeks: "The game is, to use up to date language, not a zero-sum game, but one through which, by playing it according to the rules, the pool to be shared is enlarged." (Hayek, 1968, S. 78).

Der Buddhismus akzeptiert Eigentumsrechte, bzw. schlägt sie im Aggañña Suttānta sogar selber vor, um den gesellschaftlichen Degenerationsprozess aufzuhalten. Zu dem Zeitpunkt, an dem im Aggañña Suttānta das Eigentum eingeführt wird, sind Güter knapp und entstehen überhaupt nur durch menschliche Arbeit. Hierin kann ein Hinweis gesehen werden, dass dem Buddhismus die oben genannten Effizienzgründe nicht unbekannt waren, obwohl sie nicht explizit erwähnt werden. Dennoch werden von seiner Seite her die Einwände betont: „It is true that we find no ringing criticism of private property: (...), property is a useful "historical" counter-measure to the anarchic appropriation of material goods. Nevertheless, within this acceptance of private property a subtle criticism can be detected: private possession is not a part of the happy original order of things; it is introduced not just as a remedy for greed, but as a consequence of greed, and its introduction produces new evils of violence and punishment." (Green, 1990, 233). Es ist also anzunehmen, dass die Akzeptanz des Privateigentums im Buddhismus ein notgedrungenes Zugeständnis an die Menschen ist, die eben de facto von der Begierde – oder dem Eigennutz – getrieben sind. Wieder schreibt Green: „Private Property and inequalities in possession are admitted only as a concession to the brute facts of human life: as a counter to individual sloth, to greed, and to people's lack of fellow feeling." (Green, 1990, 233).

So sehr Privateigentum die Schaffung von Gütern begünstigt, so sehr steht es einer Umverteilung in der Regel im Wege. Eigennützige Individuen haben einen

---

[72] Gegenmittel gegen Gier deshalb, weil jemand, der Eigentum besitzt, glaubhaft damit droht, Diebstahl und Betrug nicht einfach hinzunehmen, sondern zu bestrafen. Vgl. „the deterrence problem", beschrieben von Frank (1994, 271).

natürlichen Hang zum Horten. Gerade in den Zeiten des Buddhas (wie zu allen Zeiten und Orten ohne ein funktionierendes Bankensystem), war gehortetes Kapital dem Wirtschaftskreislauf entzogen und damit unproduktiv. Um dem entgegenzuwirken, finden sich in den buddhistischen Belehrungen besonders viele Passagen, die sich gegen das Horten von Reichtum wenden[73]: "Sein Reichtum, der gehortet und nicht gebraucht wurde, verschwindet ohne Nutzen." (Samyutta-Nikaya I 89 – 91, zitiert in P.A. Payutto, 1999, 107).

Es wäre reine Spekulation, aus solchen Hinweisen auf ein konkretes Wirtschaftsverständnis des Buddhas schließen zu wollen. Es lässt sich lediglich feststellen, dass diese Sichtweisen nicht im Widerspruch zur kapitalistischen Ordnung stehen. Abstrahiert man Belehrungen dieser Art weiter, so gelangt man zu dem Schluss, dass der Buddhismus das Privateigentum als notwendiges Zugeständnis sieht, mit dem aber Gefahren verbunden sind, vor denen gewarnt werden muss. Aus buddhistischer Sicht stellt Privateigentum somit eine Secondbest-Lösung dar, auf die zurückgegriffen werden muss, weil die Akteure überwiegend eigennützig veranlagt sind.

6.1.3.2   Teilbarkeit der Verfügungsrechte

Wie schon gesagt, geht das institutionenökonomische Verständnis der Verfügungsrechte über das der im Buddhismus bekannten Eigentumsrechte weit hinaus. Kasper/Streit (1998, 190) nennen drei Kriterien für Verfügungsrechte: sie sollten „divisible, tradable, legally enforceable" sein, um effektiv arbeiten zu können. Zu Letzteren beiden lassen sich keine relevanten Aussagen aus einem Vergleich zwischen ökonomischem und buddhistischem Verständnis ziehen, weshalb diese Punkte hier vernachlässigt werden sollen. Gerade das Kriterium der Teilbarkeit wird von buddhistischer Seite mit Skepsis betrachtet, was vermuten lässt, dass an dieser Stelle ein Konflikt besteht. Daher möchte ich diesen Punkt näher beleuchten.

Buddhistische Ethik entstand zu einer Zeit, als Verträge unter anonymen Partnern kaum eine Rolle spielten. Daher funktioniert buddhistische Ethik auf der Ebene des einzelnen Handelnden, betont einerseits seine Verpflichtungen und versucht ihm die Bedürfnisse anderer nahe zu bringen. Man kann daher sagen, dass die buddhistische Ethik nicht für anonyme Massengesellschaften, sondern

---

[73] Ausführlich: „Der törichte Mann, der schöne Bedarfsgegenstände erhält, braucht sie weder für seine eigene Bequemlichkeit noch für Menschen, die von ihm abhängen, er unterstützt weder Vater und Mutter noch Frau und Kinder, weder Diener und Angestellte noch Freunde und Bekannte. Er bietet den Mönchen keine Gaben dar, was für ihn Früchte tragen würde, was zu geistigem Wohl, zu Glück und in eine Himmelswelt führen würde. Dieser Reichtum, den er nicht verwendet oder aufbraucht, wird vom König eingezogen, von Dieben gestohlen, von einer Feuersbrunst vernichtet, von Fluten hinweggerissen oder von ungeliebten Verwandten geerbt. Sein Reichtum, der gehortet und nicht gebraucht wurde, verschwindet ohne Nutzen." (Samyutta-Nikaya I 89 – 91, zitiert in P.A. Payutto, 1999, 107).

für Kleingruppen geschaffen wurde. In der Institutionenökonomik wird davon ausgegangen, dass opportunistisches und Trittbrettfahrer-Verhalten in kleinen Gruppen, in denen sich die Akteure untereinander kennen, kaum eine Rolle spielt, da Kleingruppen über starke Kontroll- und Sanktionsmechanismen verfügen, und die Informationsasymetrie wesentlich geringer ist als in großen, anonymen Gruppen. So schreiben Kasper und Streit (1998, 63): „love and altruism, which have a very important place in motivating people in small groups, do not work among people in modern mass societies who do not know and cannot control each other directly;". So ist also die Betonung des Beitrags, den der Einzelnen aus buddhistischer Sicht bringen soll, im Zusammenhang mit der Kleingruppe zu verstehen.

Ein grundlegendes Prinzip des heutigen marktwirtschaftlichen Systems ist jedoch die Anonymität, die aus der Teilbarkeit und Veräußerbarkeit von Verfügungsrechten resultiert. Dadurch geht die Übersicht, die in Kleingruppen herrschte, verloren, und damit auch deren Kontroll- und Sanktionsmechanismen. An deren Stelle treten im modernen Staat externe Institutionen wie Gesetze und deren Durchsetzungs- und Sanktionsmechanismen wie Gerichte und Polizei. In diesem Sinne zitieren Richter und Furubotn (1999, 290) Schmoller: „...dass die gesellschaftlichen Institutionen und Organisationen, darunter der Staat, die wichtigste Manifestation unseres moralischen Denkens seien."[74]. Somit kann man sagen, dass in einer abstrakten, arbeitsteiligen Gesellschaft externe Institutionen die Aufgabe übernommen haben, die vormals internalisierte Regeln innehatten, oder vielmehr, dass die moderne, arbeitsteilige Gesellschaft mit ihren entsprechende Wohlfahrtsgewinnen erst durch die Entstehung des externen institutionellen Rahmens ermöglicht wurde. Wie beispielsweise Kasper und Streit (1998, 189) schreiben: „Important institutional innovations facilitated the foundation of modern stock companies. It became possible to divide the ownership of a large company into shares which relatively small investors could buy, so that large stocks of capital for major industrial and infrastructural projects could be accumulated.".

Aus buddhistischer Sicht wäre die Frage zu stellen, ob die externen Institutionen tatsächlich so gut funktionieren, dass sie als Substitut für die Kleingruppe taugen, d. h. gewährleisten, dass die Akteure ihren Beitrag leisten. Hier ist der Hauptkritikpunkt, dass externe Institutionen auf höchster Ebene meist durch Na-

---

[74] Auch der Dalai Lama geht von einer weitgehenden Entsprechung der Werte der Bevölkerung und des Staates aus: „Aber die Leute fallen nicht vom Himmel. Wenn die Politiker eines Landes korrupt sind, dann wird es wahrscheinlich auch der dortigen Gesellschaft an Moral mangeln, und die einzelnen Mitglieder dieser Gesellschaft werden sich auch nicht unbedingt an ethischen Grundsätzen orientieren. In einem solchen Fall ist es nicht gerade angemessen, wenn die Wähler ihre Politiker kritisieren. Wenn die Bevölkerung aber andererseits über gesunde Wertvorstellungen verfügt und sich aus Anteilnahme für andere ethisch diszipliniert verhält, dann werden ihre Beamten ganz von allein dieselben Werte respektieren. Deshalb spielt jeder von uns ein Rolle, wenn es darum geht, eine Gesellschaft zu schaffen, in der Werte Einfühlungsvermögen, Respekt und Fürsorge Vorrang haben und fest in den Grundlagen verankert sind" (Dalai Lama, 2002, 213).

tionalstaaten implementiert werden. Inzwischen sind jedoch viele Konzerne so stark gewachsen, dass sie die nationalen Grenzen transzendieren, und von daher als transnational bezeichnet werden können. So schreibt David Loy (2000, 18): „Heute sind die Konzerne freier als die Nationalstaaten, welche in Bezug auf ihre Staatsgrenzen und ihre Staatsbürger gebunden sind." Die daraus folgende Konsequenz beschreibt Loy ebenfalls (2000, 18): „Da sie lediglich auf die Rendite fixiert sind, haben sie gelernt, Nationen und Kommunen gegeneinander auszuspielen, um sich die jeweils günstigsten Handelsbedingungen zu sichern – die größten Steuernachlässe, die geringsten Umweltstandards usw." Loy kritisiert, dass sich zwar die demokratischen Nationalstaaten ihren Bürgern gegenüber verantworten müssen, transnationale Konzerne aber nicht. Sie sind zwar ihren Aktionären gegenüber verantwortlich, die jedoch sind anonym und räumlich von den Unternehmensaktivitäten getrennt, und ihrerseits nur an Rendite interessiert und den von den Handlungen des Unternehmens Betroffenen gegenüber nicht verantwortlich.

Hier entsteht auch aus institutionenökonomischer Sicht das Problem, das die Sanktionsmechanismen eines einzelnen Nationalstaats nicht mehr wie gewünscht greifen, und damit auch die externen Institutionen ihre Wirkung verlieren. Ob sich daraus dann automatisch opportunistisches Verhalten ergibt, hängt wohl hauptsächlich von den internalisierten Regeln der verantwortlichen Manager ab, und bleibt damit dem Zufall überlassen, mit den gesamten, potenziellen negativen Auswirkungen, die durch die Schaffung der Gesetze verhindert werden sollte. Diese Konstellation ist nicht nur aus buddhistischer Perspektive problematisch. Die Kritik wird z. B. auch von Rodrik (2000, 358) geteilt: „the dilemma that we face as we enter the twenty-first century is that markets are striving to become global while the institutions needed to support them remain by and large national."

Der Buddhismus setzt opportunistischem Verhalten auf individueller Ebene Mitgefühl entgegen. Auf gesamtgesellschaftlicher Ebene erfüllen Gesetze und Regeln mit den entsprechenden Sanktionsmechanismen diese Funktion. Wenn nun aber die wirtschaftenden Einheiten größer werden als die staatlichen, entsteht ein problematisches institutionelles Vakuum, das nur dadurch gelöst werden könnte, weltumspannende Institutionen zu schaffen.

6.1.4 Materieller Wohlstand

Bereits eingangs wurde gezeigt, dass sich Ökonomie und Buddhismus hauptsächlich durch ihr Ziel voneinander unterscheiden. Während ökonomische Ziele materieller Natur sind, ist das buddhistische Ziel immateriell. Um zu untersuchen inwieweit es zwischen beiden zu Konflikten kommt, ist es nötig, sich ein Bild davon zu verschaffen, welche Einstellung die buddhistische Lehre zu materiellen Zielen hat. Wie gesehen, liegt es in der Natur der buddhistischen Ideologie, der Ökonomie die Eigenständigkeit zu verwehren und sie unter die eigene Sichtweise unterzuordnen. Ein Verständnis dieser Sichtweise ist damit wesentlich. Die Diskussion des ‚Wohlstandes' teilt sich auf in gesellschaftlichen Wohlstand und individuellen Wohlstand.

Hinsichtlich der Beziehung des Buddhismus zum materiellem Wohlstand findet man in der Literatur verschiedene Deutungen. Gerade in älteren westlichen Interpretationen buddhistischer Texte unterscheidet sich die Darstellung sehr von den neueren Texten. Der Unterschied ist wohl hauptsächlich dadurch zu erklären, dass die frühen westlichen Texte frisch übersetzte indische Quellen „aus der Distanz" interpretierten, ohne mündliche Erklärungen einzubeziehen[75]. Auf diese Weise kam es vor allem zu zwei Missverständnissen: Zum einen entstand das Vorurteil, der Buddhismus sei eine weltabgewandte Mönchsreligion, zum anderen gingen Autoren wie z. B. Max Weber von einer Zweiteilung des Buddhismus aus: auf der einen Seite gibt es Mönche, die entsagend nach Erleuchtung streben, auf der anderen Seite gibt es Laien, die nach besserer Wiedergeburt und Reichtum streben, beide existieren getrennt voneinander[76] (Weber, 1921, 232). Diese Kritik an den älteren Texten, der ich mich anschließe, wird von Sizemore and Swearer zusammengefasst (Sizemore/Swearer, 1990, 1): „It has at times been assumed that Buddhism's central principle of non-attachment and its call for renunciation of the mundane world entail a wholly negative view of the world and of wealth. This assumption, together with perhaps a subconscious borrowing of images from Christian monasticism and popular stereotypes, has lead some observers to imagine that Buddhism is a religion of extreme asceticism. The next step in this orientation is a sharp contrasting of the asceticism of Buddhist monks on the one hand and the seemingly materialistic interest of the laity in securing more comfortable rebirths on the other, which gives rise to the idea that there are "two Buddhisms." All of the authors in this volume find this approach to Buddhism simplistic and misleading."

Die Einstellung des Buddhismus gegenüber Reichtum ist eine Gratwanderung zwischen der Nicht-Anhaftung einerseits und den guten Lebensbedingungen, die ihrerseits Voraussetzung für die spirituelle Praxis sind, andererseits. In diesem Zusammenhang ist vor allem auf die Begrifflichkeit zu achten, um Missverständnisse zu vermeiden. Was im Buddhismus gemeinhin propagiert wird, sind Bescheidenheit, Zufriedenheit und Genügsamkeit als Kennzeichen von Nicht-Anhaftung. Das ist aber nicht gleichzusetzen mit Armut, im Sinne von „unfrei-

---

[75] Dieses Vorgehen führt deshalb zu falschen Ergebnissen, weil alte buddhistische Schriften eine andere Funktion hatten als Bücher heutzutage. Sie dienten nicht dazu, einem unbekannten Leser einen Sachverhalt möglichst vollständig darzulegen, sondern dienten als „Gedankenstütze" für persönliche, mündliche Erklärungen des Lehrers und den Schüler. Ohne diese mündlichen Erklärungen sind die alten buddhistischen Schriften unvollständig und somit missverständlich.

[76] „Der alte Buddhismus des Pali-Kanons war also lediglich ständische Ethik, oder richtiger: Kunstlehre, eines kontemplativen Mönchstums. Der Laie („Hausbewohner") kann nur eine „niedere Gerechtigkeit" üben, nicht wie der „Ehrwürdige" (arhat) die entscheidenden Erlösungswerke." (Weber, 1921, 232).

williger Genügsamkeit" (vgl. Fenn, 1996). Armut und das damit verbundene Leid werden als schädlich angesehen (Rajavaramuni, 1990, 40). Der Unterschied zwischen beiden besteht darin, dass Genügsamkeit freiwillig ist, Armut hingegen nicht. So schreibt auch Payutto (1999, 130): „Buddha sagte: «Armut bedeutet Leiden in dieser Welt.» Daraus kann geschlossen werden, wie die Regierungen das Staatsvermögen anwenden sollten. Armut und Bedürftigkeit sowie Begierde (die in engem Zusammenhang stehen) leisten Verbrechen und sozialer Unzufriedenheit Vorschub. Im Buddhismus wird festgehalten, dass es Aufgabe der Regierung und der Verwaltung eines Landes ist, die Bedürfnisse derer, die in Not sind, zu decken und den Kampf gegen die Armut aufzunehmen. Zumindest sollte es allen Leuten möglich sein, einer ehrlichen Arbeit nachzugehen, Handel und Gewerbe sollten unterstützt werde, Kapital sollte zur Verfügung stehen und die Industrie überwacht werden, damit Unehrlichkeit und Ausbeutung verhindert werden können. Nehmen wir diese Kriterien zur Grundlage, ist das Fehlen von Armut ein besserer Maßstab für den Erfolg einer Regierung als das Vorhandensein von Millionären." Und Rajavaramuni argumentiert ähnlich (1990, 39): „What is especially noteworthy about these virtues and duties [der Regierung] is the emphasis on the absence of poverty. Poverty is regarded as the main source of crime and disorder as well as greed (D.III.65; D.III.92) [77]. This absence of poverty, the accumulation of wealth or economic sufficiency, is a prerequisite for a happy, secure, and stable society, favorable to individual development and perfection." Diese Sicht unterscheidet sich nicht wesentlich von der der Institutionenökonomik. Auch Kasper/Streit geben Folgendes zu bedenken: „Shared respect for private property may also decline when wealth distribution becomes extremely lop-sided." (Kasper/Streit, 1998, 188).

Somit ist festzustellen, dass Armut aus Sicht des Buddhismus ein soziales Übel ist, deren Bekämpfung vordringliches Ziel des Staates zu sein hat. Das dies auch von frühen buddhistischen Herrschern ernst genommen und umgesetzt wurde, beschreibt Max Weber in seiner historischen Betrachtung: „Zum ersten Mal im Gebiet hinduistischer Kultur trat die Idee des „Wohlfahrtsstaats", des „allgemeinen Besten" (von dessen Förderung Açoka als von der Pflicht des Königs redet), auf. „Wohlfahrt" wurde aber dabei teils geistlich: als Förderung der Heilschancen, teils karitativ verstanden, nicht aber: rational ökonomisch." (Weber, 1921, 262). Deutlich wird hier, dass auch Weber die Unterordnung der Ökonomie unter die buddhistische Ideologie erkannt hat. Wohlfahrt ist nicht Endziel, sondern

---

[77] Als Originalquelle hierzu kann genannt werden:„Because wealth was not given to those who had no wealth, poverty became widespread; because poverty became widespread, theft became widespread; because theft became widespread, weapons became widespread; because weapons became widespread, murder became widespread; because murder became widespread, lying became widespread; because lying became widespread, their lifespan and pleasant appearance declined." (Dīgha Nikāya, zitiert in Fenn, 1996, 3).

dient lediglich als Ausgangspunkt für spirituelle Entwicklung[78]. Das Materielle ist Mittel und nicht Zweck.

Die buddhistischen Aussagen den individuellen Wohlstand betreffend beziehen sich auf das Spannungsfeld zwischen Wohlstand einerseits und Nicht-Anhaftung andererseits. Aus buddhistischer Sicht sind nicht die äußeren Phänomene Ursache für Leid, sondern die Art und Weise, wie die Menschen auf sie Bezug nehmen. Das ist eine allgemeine buddhistische Aussage, die somit auch für z. B. einzelne Konsumgüter, aber auch für Reichtum als solchen gilt. Reichtum an sich ist neutral, förderlich oder hinderlich kann nur sein, wie sich ein Mensch darauf bezieht. Das bedeutet konkret: nicht die Größe des Reichtums eines Menschen wird bewertet, sondern auf welche Weise er erlangt, und wie er verwendet wird. Das schreibt auch Rajavaramuni (1990, 41): „The main theme in these texts is that it is not wealth that is praised or blamed, but the way one acquires and uses it." und Payutto (1999, 111ff.) argumentiert ähnlich.

Der Eindruck, dass der Buddhismus eine kritische Einstellung gegenüber Reichtum an sich hat, ist meines Erachtens aus einem Missverständnis heraus entstanden. Eine buddhistische Methode, die gegen Anhaftung und Begierde wirken soll, ist es, die Nachteile des Begehrten genau zu analysieren[79]. Da das Anhaften an materiellen Gütern und Reichtum weit verbreitet war und ist, finden sich in den buddhistischen Texten genaue Ausführungen über deren Nachteile. Die Intention dieser Texte ist jedoch in erster Linie pädagogisch, die Ausführungen sind nicht als Argumentation gegen Reichtum zu verstehen (vgl. Dalai Lama, 1999, 119). Sie richten sich ausschließlich gegen die Anhaftung daran. „Reichtum zerstört den Törichten, aber nicht die, die das Ziel anstreben" ist ein häufig in diesem Zusammenhang genanntes Zitat Buddhas (Dhammapada 355, zitiert in Payutto, 1999, 113). „A wealthy man can do much more either for the better or for the worse of the social good than a poor man.", schreibt Rajavaramuni (1990, 45).

Reichtum an sich kann in der buddhistischen Lehre schon deshalb nicht negativ konnotiert sein, da er als Resultat von gutem Karma, d. h. guten Handlungen gilt. Damit hört sich die buddhistische Erklärung aus westlicher Sicht auf den ersten Blick geradezu paradox an: zu Reichtum und Wohlstand führen Handlungen, denen gerade nicht das Begehren als Motivation zugrunde lag. Dieser Widerspruch lässt sich auflösen, wenn man versteht, dass aus ‚von Begehren geleitetes Handeln' als emotionales Handeln verstanden wird, und damit aus buddhistischer Sicht zu verzerrter Wahrnehmung und damit zu irrationalem Handeln führt. Die eigentliche Aussage ist also hier, dass Gier, destruktive Rivalität

---

[78] Ebenso sieht es Rajavaramuni (1990, 45): „Wealth as a resource for achieving the social good can help create favourable circumstances for realizing individual perfection, but ultimately it is mental maturity and wisdom, not wealth, that bring about the realization of this perfection.". Und weiter: "In Buddhist ethics wealth is only a means, not an end." (ebd., 53).

[79] So schreibt z. B. Gampopa: „Wenn Anhaftung bzw. Begierde bei uns vorherrschen, sollten wir über das Abstoßende, wenig Anziehende, meditieren." (Gampopa, 1996, 205).

oder fahrlässige Ignoranz (die drei hauptsächlichen „Störgefühle") als Motivation zu wohlfahrtsmindernden Entscheidungen führen.

Die buddhistische Erklärung, warum gerade Nicht-Anhaftung zu Wohlstand führt, geht aber noch weiter. Die Annahme, dass der höchste Nutzen durch die Überwindung von dualistischem Erleben erreicht wird, schlägt sich auch hier nieder. Auf Reichtum übertragen bedeutet das, dass aus buddhistischer Sicht das Streben nach dem eigenen Wohl nicht von dem Streben nach dem Wohl der gesamten Gesellschaft zu trennen ist. Rajavaramuni (1990, 53) fasst dies wie folgt zusammen: „This shows that training for the realization of the goal (nibbāna) may depend directly or indirectly on wealth, but its realization proper is independent of it. Here also we can see a relationship between individual perfection and social good: by being used without attachment and for the benefit of oneself and others, wealth improves social welfare, thus contributing to individual perfection, which in turn leads to a greater social good.".

Was bedeutet das nun für die Vereinbarkeit von buddhistischer Lehre und kapitalistischem System? Der Unterschied beider besteht darin, dass im Kapitalismus materieller Wohlstand das Endziel ist, während er im Buddhismus nur ein Zwischenziel – als Ausgangsbasis für die spirituelle Entwicklung – darstellt. Der Unterschied mag erklären, warum der Buddhismus nicht sein Hauptaugenmerk auf ökonomische Zusammenhänge richtet, und sie seinem spirituellen Ziel unterordnet. Hervorzuheben ist jedoch die Gemeinsamkeit, dass materieller Wohlstand in beiden Systemen als wertvolles Ziel angesehen wird (wenn auch mit unterschiedlicher Rangordnung). Der Buddhismus kann daher nicht in Opposition zu einem System gehen, dass größeren gesamtgesellschaftlichen Wohlstand verspricht, solange Umverteilungsinstitutionen bestehen, die gewährleisten, dass nicht für einen Teil der Bevölkerung Armut entsteht. Das bedeutet, dass zwar der Gedanke der „sozialen Marktwirtschaft" nicht aus dem Buddhismus heraus entstehen konnte, es aber dennoch keinen Konflikt zwischen beiden gibt.

6.2 <u>Zusammenfassung zur Vereinbarkeit auf der Meta-Ebene</u>

Sowohl ökonomische Theorie und Buddhismus erklären die Welt durch kausale Zusammenhänge, mit dem Unterschied, dass der Buddhismus aus ökonomischer Sicht fiktive karmische Kosten und Erträge zur Verhaltenssteuerung einführt. Dessen unbenommen ergibt sich aus der Akzeptanz der Kausalität eine Einstellung der Welt gegenüber, die Kasper/Streit (1998, 230) mit „I can make a difference" charakterisieren. Diese Einstellung ist deckungsgleich.

Auch die Konzepte von Freiheit und Gleichheit stimmen weitgehend überein. Es ist nicht zu erwarten, dass buddhistische Institutionen die Vertragsfreiheit unterminieren.

Sowohl im marktwirtschaftlichen Wettbewerb, als auch im Buddhismus kommt dem individuellen Streben eine große Bedeutung zu. Im Buddhismus wird das Streben aber auf ein immaterielles Ziel gerichtet, weshalb das materielle vernachlässigt wird. Daraus kann eine Abnahme der Dynamik des ökonomischen Wettbewerbs resultieren. Gleichzeitig wird der Buddhist im ökonomischen Wettbewerb seine Aufmerksamkeit weniger auf die Rivalität zur Konkurrenz, und dafür mehr auf den Kundennutzen richten. Ob diese Ausrichtung am Markt besser, schlechter oder gleich überlebensfähig ist, kann mit theoretischen Methoden nicht beurteilt werden.

Der Buddhismus kennt staatlich garantierte Eigentumsrechte an Sachen, aber nicht das weitreichendere institutionenökonomische Konzept der Verfügungsrechte. Der Idee der Verfügungsrechte - „Verhalten von anderen einfordern" (Richter/Furubotn, 1999, 5) zu können – zieht der Buddhismus den freiwilligen Beitrag des einzelnen vor. Vielleicht ließe sich diese Differenz mit den Worten consumption vs. contribution[80] zuspitzen. Aufgrund der fehlenden Durchsetzungsstruktur der buddhistischen Ideologie als Ganzes bleibt der buddhistische Vorschlag jedoch auf der Ebene des Appells stehen und ist nicht geeignet, um eine gesellschaftliche Ordnung aufrecht zu erhalten. Privateigentum ist aus buddhistischer Sicht eine Second-best-Lösung, die als Konzession an die Realität der durch Eigennutz motivierten Individuen eingeführt werden muss. Die institutionenökonomische und die buddhistische Auffassung entsprechen sich dahingehend, dass in einer Gesellschaft anonymer Vertragspartner externe Institutionen die Funktion der internen übernehmen müssen.

Insgesamt kann gesagt werden, dass auch im Buddhismus materieller Wohlstand als erstrebenswertes Ziel gilt, wenn er auch dem spirituellen Ziel untergeordnet ist. Daraus ist abzuleiten, dass es dann keinen Konflikt zwischen der buddhistischen Ideologie und dem Wirtschaftssystem geben wird, wenn das System die Wohlfahrt steigert und gleichzeitig Institutionen bestehen, die kooperatives Verhalten gewährleisten und Armut verhindern. Zwischen dieser Forderung und der ‚sozialen Marktwirtschaft' gibt es der Idee nach keinen Konflikt, eventuell sogar eine gegenseitige Begünstigung.

---

[80] Den Unterschied der Sichtweise macht Hershock (1999, 9) deutlich: „Contrary to the biases of our technological lineage and legalistic activism, this is not accomplished by controlling circumstances, but through contributory appreciation; not by means of leveraging power in order to get what is wanted, but by dedicating unlimited attention-energy to realizing dramatic partnership with all things. The bodhisattva does not heal through accumulating and wielding power, but through daanapaaramita or the perfection of offering.".

7 ZUR VEREINBARKEIT AUF DER KONKRETEN HANDLUNGSEBENE

7.1 Handlungsbeschränkungen

Bereits eingangs war die Rede davon, dass sowohl die Institutionenökonomik als auch der Buddhismus Pfade beurteilen – die Ökonomik als effizient oder ineffizient, und der Buddhismus als heilsam oder unheilsam. Im Folgenden geht es nun darum zu untersuchen, inwieweit sich die Konzepte „Effizienz" und „Heilsamkeit" decken.

Im Rahmen der Karma-Lehre wird aufgelistet, welche Handlungen im Buddhismus als ‚unheilsam' gelten, d. h. zu Leid führen. Ihr Gegenteil wird als heilsame Handlung verstanden, die zu weltlichem Glück führt. Wie erläutert ist es die Intention der Karma-Lehre, eigennützig denkende Akteure mithilfe einer Änderung der erwarteten Auszahlungen zu einem Verhalten zu führen, das andere nicht schädigt. Die zehn unheilsamen und heilsamen Handlungen beziehen sich somit auf die Ebene der ‚Realität', die zu erwartenden Resultate sind weltliches Glück oder Leid. Dem gegenübergestellt wird das ‚Ideal' des Bodhisattvas, der altruistisch motiviert ist. Die sechs charakteristischen Handlungen des Bodhisattvas werden als ‚befreiend' bezeichnet, weil sie aus der immer mit Leid behafteten Realität (Samsara) hinaus in den Buddhazustand des absoluten Glücks führen sollen. Diese beiden Gruppen – heilsame und unheilsame Handlungen einerseits, und befreiende Handlungen andererseits – sind jedem Buddhisten bekannt und die Hauptinstrumente der expliziten Verhaltenskanalisierung.

7.1.1 Zehn unheilsame Handlungen

Die zehn unheilsamen Handlungen lassen sie sich dahingehend unterteilen, ob sie durch den Körper, die Rede, oder den Geist (gedanklich) ausgeführt werden. Sie werden wie folgt aufgeführt (vgl. Gampopa, 1996, Kap. 6):

Körper:

1. Töten oder körperlich Verletzen: bezieht sich sowohl auf Menschen als auch auf Tiere

2. Stehlen: „nehmen, was einem nicht gegeben wurde", d. h. Raub, Diebstahl, Betrug

3. Sexuelles Fehlverhalten: durch Zwang oder Gewalt herbeigeführt, durch einen sexuellen Akt einen anderen verletzen[81]

---

[81] Nach mündlichen Erklärungen von Khenpo Tsültrim schließt das z. B. auch das Inkaufnehmen der Übertragung von Krankheiten ein.

Rede:

4. Lügen: etwas Unwahres sagen, um sich Nutzen zu verschaffen

5. Verleumdung: entzweiende Rede

6. verletzende Rede: Beschimpfen, Sarkasmus, Lästern

7. Geschwätz: sinnloses, ausschweifendes Gerede

Geist:

8. Habgier: starkes Verlangen nach Status, guter körperlicher Erscheinung, Qualitäten und Besitz, Verlangen nach dem, was andere haben, oder dem, was niemandem gehört. Führt direkt zu Unzufriedenheit und enttäuschten Erwartungen, indirekt ist es die Voraussetzung für „Stehlen".

9. Böswilligkeit: Wunsch, jemandem schaden oder ihn verletzen oder töten zu wollen: aus Hass (Krieg), Neid oder Rivalität, oder Rache. Böswilligkeit führt zum Erleben von Angst und Ablehnung.

10. Falsche Anschauungen: Nicht-Anerkennen von Ursache und Wirkung (Karma), falsche Auffassungen von der Wirklichkeit haben und sich uneinsichtig nicht mit Kritik daran auseinander zu setzen.

Jeder dieser unheilsamen Handlungen werden negative karmische Resultate[82] zugeordnet. Gampopa (1996, Kap. 6) beschreibt diese wie folgt:

1. Töten: führt zu körperlicher Schwäche, Krankheit, frühem Tod und/oder Paranoiazuständen. Kann zu einer Wiedergeburt in einem Land mit viel Gewalt und Naturkatastrophen führen.

2. Stehlen: führt zum Erleben von Mangel, Armut und Verlust, man erhält nicht das, was man sich wünscht, oder verliert es bald wieder.

3. Sexuelles Fehlverhalten: führt zu feindseligen Partnern und schwierigen Beziehungen.

4. Lügen: führt dazu, dass oft Falsches über einen behauptet wird.

5. Verleumdung: führt zur unfreiwilligen Trennung von den eigenen Freunden oder zu Paranoiazuständen.

---

[82] Die karmischen Auswirkungen dieser Handlungen können sehr komplex beschrieben werden, sie sind von der zugrundeliegenden Motivation, der Häufigkeit der Handlungen, von der Bewusstheit, mit der sie durchgeführt werden, dem Subjekt, gegenüber dem sie durchgeführt werden, der Einstellung im nachhinein zur Tat (Reue oder nicht), sowie vielen anderen beeinflussenden Faktoren abhängig. Eine detaillierte Diskussion würde an dieser Stelle den Rahmen der Arbeit sprengen, so dass ich nur einen kurzen und sehr groben Überblick geben werde, welche Auswirkungen seines Handelns jemand nach buddhistischer Auffassung erfahren wird, der eine der zehn unheilsamen Handlungen begeht. Dabei ist wichtig zu verstehen, dass es sich nach buddhistischem Verständnis hierbei nicht um eine „Strafe" für die Tat handelt, sondern mehr um einen unabwendbaren psychologischen Prozess, der sich im Geist des Betroffenen abspielt und zu dem beschriebenen Resultat führt, entweder noch im selben Leben, oder in einem der nachfolgenden.

6. Verletzende Rede: führt dazu, dass man viel Unangenehmes zu hören bekommt, oder dass man in einem Land mit schwierigen Lebensbedingungen geboren wird, wo man viel Negatives tun muss, um zu überleben.

7. Geschwätz: führt dazu, dass den eigenen Worten von anderen keine Beachtung geschenkt wird.

8. Habgier: führt ebenfalls zum Erleben von Mangel und Armut, zu einem Leben voller unbefriedigtem Verlangen. Führt zur Geburt in einem Land mit „kleinen Früchten"[83]

9. Böswilligkeit: führt ebenfalls zu Paranoiazuständen, führt zum Erleben einer feindseligen Umwelt, der man mit Hass und Ablehnung begegnet. Führt zu einem Leben in einem rauen Land mit „bitteren Früchten"[84] schlechter Qualität.

10. Falsche Anschauungen: führt zu Dummheit oder der Geburt in einem Land fast ganz ohne Früchte[85].

Wie beschrieben, werden im Rahmen der buddhistischen Praxis diese Handlungsbeschränkungen internalisiert, und können danach als interne Institutionen (vgl. Kasper/Streit, 1998, 103) verstanden werden. Kasper/Streit geben ein Kriterium an die Hand, wie interne Institutionen beschaffen sein müssen, um eine Basis für wirtschaftliche Entwicklung sein zu können: „However, the persistence of internal institutions can also be an obstacle to economic improvements, when there is no spontaneous respect for private property and theft and fraud are widely tolerated." (Kasper/Streit, 1998, 188). Es muss also geprüft werden, ob die buddhistischen internen Institutionen einen spontanen Respekt für das Privateigentum beinhalten. Das tun sie in der Tat, denn der Tatbestand für ‚Stehlen' ist mit „nehmen, was nicht explizit gegeben wurde", streng formuliert. Diese Regel zu befolgen ist gleichbedeutend mit dem Respekt von Eigentumsrechten.

Ein weiterer Berührungspunkt von internen Institutionen und ökonomischer Effizienz ist die Verhinderung von opportunistischem Verhalten. Je größer die Wahrscheinlichkeit von Opportunismus ist, desto kostspieliger ist das Abschließen von Verträgen, in anderen Worten, desto höher sind die Transaktionskosten. Karpe (1997, 13) schreibt: „Zur Beschränkung von Opportunismus sind institutionelle Vorkehrungen notwendig. Die Einrichtung, Inganghaltung und Kontrolle dieser Vorkehrungen sind mit Kosten verbunden.". Die Intention der Karma-Lehre mit ihrer Sanktion der unheilsamen Handlungen ist es, Verhalten zu ver-

---

[83] Nach Khenpo Tsültrim sind die „Früchte" hier auch im übertragenen Sinne gemeint: es bedeutet, dass die eigenen Anstrengungen und die der Menschen nur einen „wenig Früchte tragen", ökonomisch ausgedrückt, kann man also von einem Land mit geringer Produktivität sprechen.

[84] Unter „bitteren Früchten" ist demnach zu verstehen, dass der Lohn für seine Arbeit zwar äußerlich ansprechend ist, er es aber nicht vermag, einen glücklich und zufrieden zu machen. Somit führen die äußerlich schönen Dinge, die man erhält, innerlich dennoch zu Leid.

[85] D. h. Produktivität

meiden, das andere schädigt. Das ist gleichbedeutend mit der Unterbindung opportunistischen Verhaltens. Da die Kontrollinstanz der Handelnde selbst ist, sind Inganghaltung und Kontrolle dieser Institution zur Verhinderung von Opportunismus so gering wie überhaupt möglich. Das Problem hingegen ist die Einrichtung, wie schon gezeigt wurde. Der „kostengünstigen" Verhaltenskanalisierung durch Karma muss die Internalisierung vorausgehen, die nur freiwillig erfolgen kann. Das vorausgesetzt kann geschlussfolgert werden, dass die Vermeidung der unheilsamen Handlungen dazu beiträgt, die Transaktionskosten zu senken bzw. niedrig zu halten. Da die unheilsamen Handlungen aus buddhistischer Sicht jedem gegenüber zu vermeiden sind, sollten sie auch zwischen anonymen Vertragspartnern zum Tragen kommen.

Der Effekt, dass hohe Transaktionskosten geringen materiellen Wohlstand bedingen und durch opportunistisches Verhalten verursacht werden, scheint im Buddhismus durchaus bekannt zu sein, da er eine Verbindung zwischen den mentalen Modellen der Akteure und den geernteten „Früchten" zieht. Im Rahmen der zehnten unheilsamen Handlung wird davon gesprochen, dass ‚falsche Anschauungen' – gleichbedeutend mit falschen mentalen Modellen – zu so gut wie gar keinen Früchten führen. Die Institutionenökonomik sagt für den Fall von mentalen Modellen, die nur schlecht mit den tatsächlichen Gegebenheiten übereinstimmen, dauerhaft ineffiziente Ergebnisse vorher, falls kein Lernprozess eintritt (vgl. Karpe, 1997, 35).

Im Fall der siebten unheilsamen Handlung ‚Habgier' lässt sich eine ähnliche Parallele ziehen. Mit Habgier ist eine Geisteshaltung gemeint, die zu opportunistischem Verhalten führt, weil das Streben nach dem eigenen Nutzen nicht dort endet, wo ein anderer geschädigt wird. Wie oben besprochen erhöht eine solche Einstellung die Kosten des Schließens von Verträgen, was auch aus ökonomischer Sicht wohlstandsmindernd wirkt.

Die achte unheilsame Handlung ‚Böswilligkeit' ist die Voraussetzung für die Anwendung von Gewalt. Ist diese gesellschaftlich weit verbreitet, kommt es zu einer Erhöhung der Transaktionskosten aufgrund der gestiegenen Unsicherheit. Gleichzeitig erhöht Gewaltbereitschaft die Ausschlusskosten für Privateigentum. Eigentum zu halten wird sehr kostspielig (vgl. Kasper/Streit, 1998, 188). Eine weitere Parallele zu den „bitteren Früchten", von denen Gampopa spricht.

Institutionenökonomik und Buddhismus erkennen übereinstimmend, dass opportunistisches Verhalten, mangelnder Respekt vor Eigentumsrechten, und hohe Gewaltbereitschaft langfristig wohlfahrtsmindernd wirken. Die buddhistischen Erklärungen stellen dabei lediglich Ursache und Wirkung gegenüber, ohne detailliert darauf einzugehen, wie es von der einen zur anderen kommt. Es wird keine „weltliche" Erklärung gegeben. Die ökonomische Analyse hingegen baut diese Brücke in wissenschaftlich exakter Weise mithilfe der Transaktionskosten.

7.1.2 Rechter Lebenserwerb

"Rechter[86] Lebenserwerb" heißt das fünfte Glied des Edlen Achtfachen Pfades, der im Buddhismus als Beschreibung des Weges zur Erleuchtung gilt. Dieser Text ist die wichtigste Quelle, in der der Buddha zu wirtschaftlichem Verhalten Stellung nimmt. Bei der Besprechung des fünften Punktes ist es wichtig zu wissen, dass die acht Glieder nicht beliebig aufgestellt sind, und wir somit in der Mitte einsteigen. Die besprochenen Beschränkungen sind der praktische, ethische Ausdruck einer buddhistischen Weltsicht[87]. Hier wird abermals die Unterordnung des ökonomischen unter das buddhistische Prinzip deutlich.

Der Beruf wird aus buddhistischer Sicht als die Menge der Handlungen gesehen, die es in ihm auszuführen gilt. „Beruf" in diesem Sinne ist also nichts anderes als eine spezielle Summe wiederkehrender Handlungen. Es handelt sich um einen Spezialfall von „Handeln", also Karma (was wörtlich ‚Handlung' bedeutet).

Was beschrieb Buddha also als rechten Lebenserwerb? Tatsächlich gab er nur kurze Ausführungen darüber, welche Berufe der buddhistischen Praxis widersprechen, und deshalb zu vermeiden sind. Das sind die folgenden fünf[88]:

Handel mit

1. Waffen
2. Lebewesen (Menschen und Tiere)
3. Fleisch (Tiere schlachten)
4. Alkohol und sonstigen Rauschmitteln
5. Giften

Govinda (1992, 86) erläutert dies weiter: "*Sammâ âjîva* wird umschrieben als das Abstehen von allen solchen Berufen und Beschäftigungen, die dem

---

[86] Dabei wird von Lama Govinda die allgemein übliche Übersetzung von „Sammâ" mit „recht" kritisiert. Er weist darauf hin, dass „recht" nicht „richtig" im Gegensatz zu „falsch" bedeutet (Govinda, 1992, 1): „Denn „recht" (sammâ) – um bei diesem leider sehr abgebrauchten, aber in der buddhistischen Literatur eingebürgerten Wort zu bleiben – bedeutet mehr als eine Übereinstimmung mit gewissen vorgefassten dogmatischen oder moralischen Ideen, sondern das, was über den Gegensatzpaaren eines einseitigen, ichbedingten Standpunktes liegt. In anderen Worten, «sammâ» ist das, was vollständig, ganz (weder zwiespältig noch einseitig) völlig und in diesem Sinne das jeder Bewusstseinsstufe vollkommen angemessene ist.".

[87] Die vollständige Auflistung des Achtfachen Pfades: Weisheit (pajñâ): Rechte (vollkommene) Erkenntnis (oder Anschauung), Rechte (vollkommene) Absicht (oder Streben, Motivation); Ethik (sîla): Rechte (vollkommene) Rede, Rechtes (vollkommenes) Handeln, Rechter (vollkommener) Lebenserwerb (oder Lebensweise); Meditation (samâdhi): Rechtes (vollkommenes) Bemühen, Rechte (vollkommene) Achtsamkeit (oder Vergegenwärtigung), Rechte (vollkommene) meditative Konzentration (oder Einswerdung) (vgl. bspw. Das, Surya, 1999).

[88] «Fünf Arten des Handels, ihr Mönche, sollte der Laienjünger nicht ausüben. Welche fünf? Handel mit Waffen, Handel mit Lebewesen, Handel mit Fleisch, Handel mit Rauschmitteln und Handel mit Giften.» A. III. 207 (Anguttara-Nikâya), zitiert in P.A. Payutto (1999, 149).

Wohlsein anderer Wesen abträglich sind, wie z. B. Handel in Waffen oder in Lebewesen, in Fleisch, berauschenden Getränken und lebensgefährdenden Giften. Was immer mit Betrug, Verrat, Wahrsagerei, Hinterhältigkeit und Wucherei zu tun hat, muss gemieden werden. Die vollkommene Lebensführung besteht in einem Leben der Reinheit, der Gerechtigkeit und Nützlichkeit, kurz in einem Leben, das sowohl zur eigenen körperlichen und geistigen Wohlfahrt führt, wie zu der unserer Mitwesen." Surya Das (1999, 271f.) drückt den gleichen Sachverhalt etwas moderner aus: „Rechter Lebenserwerb – das hat schon immer die Aufforderung beinhaltet, die Welt durch unsere Arbeit zu lieben und keinen Beruf auszuüben, der anderen Schaden zufügt. Herstellung und Verkauf von Waffen und Munition sind nur besonders offensichtliche Beispiele für Tätigkeiten, durch die andere Schaden oder gar den Tod erleiden und die daher mit einem erleuchteten Leben als unvereinbar gelten. Wir können heute noch ohne weiteres noch etliche andere Tätigkeiten hinzufügen: Drogendealerei oder jeder Broterwerb, der ausbeuterisch ist, sich des Betrugs oder der Korruption bedient, der anderen schadet oder zu Leichtsinn verleitet. Umweltschädigende Tätigkeiten oder der Handel mit Junk-Bonds sind zwei weitere Beispiele für höchst zweifelhaften Lebenserwerb. [...]. Nach den Worten des Dhammapada ist der Lebenserwerb umso mehr Recht, je mehr er den Lebewesen hilft, und je weniger er schadet.".

Auf dieser konkreten Ebene wird deutlich, dass es sich um echte Handlungsbeschränkungen handelt, da der Buddhist aus ideologischer Überzeugung heraus bestimmte Aktivitäten nicht ausübt, obwohl es dafür einen Markt gäbe. Auch in westlichen Marktwirtschaften sind bestimmte Transaktionen aus ethischen Gründen untersagt, obwohl es dafür einen Markt gäbe, und bis auf den Handel mit Tieren und Fleisch gelten sogar die gleichen Tauschwaren als bedenklich. So ist in Deutschland der Menschenhandel untersagt, und der Handel mit Waffen, berauschenden Substanzen und Giften zumindest streng reglementiert. Nicht die Tatsache, dass aus moralischen Gründen Handlungsbeschränkungen eingeführt werden, ist spezifisch buddhistisch, sondern nur welche Handlungsbeschränkungen dies sind. Es gibt hier also keinen grundsätzlichen Dissens. Der wesentliche Unterschied besteht darin, dass der Buddhismus das Recht auf Leben nicht nur den Menschen zugesteht, sondern es auch auf Tiere ausweitet.

7.2 <u>Handlungsempfehlungen</u>

7.2.1 *Die sechs befreienden Handlungen (Paramitas)*

Im Gegensatz zur Wirkungsweise von Karma werden die befreienden Handlungen im Buddhismus nicht als eine Art Naturgesetz, sondern als ein bewusst anzuwendendes Gegenmittel gegen schädliche Handlungs- und Denkgewohnheiten verstanden. Ihre Aufgabe liegt nicht darin, opportunistisches Verhalten zu vermeiden, sondern es soll altruistisches Verhalten entwickelt werden. Wie schon beschrieben, stellen die befreienden Handlungen ein Ideal dar, das es anzustreben gilt. Während im Zusammenhang mit Karma das Ausführen von unheilsamen Handlungen mit direkten Sanktionen belegt wird, ist dies bei den befreienden Handlungen nicht der Fall. Dies liegt in der Natur des Ideals. Während nach buddhistischer Aussage die heilsamen und unheilsamen Handlungen zu weltlichem Glück oder Leid führen, sollen die befreienden Handlungen dazu beitragen, dualistisches Erleben zu überwinden und damit zum buddhistischen Ziel, der Erleuchtung, führen.

Ich orientiere mich an der Einteilung von Gampopa (1996, Kap. 11 bis 17) in sechs[89] befreiende Handlungen (Sanskrit: Paramita):

1. Freigebigkeit:
   a. Gabe materieller Güter
   b. Gabe von Schutz (Furchtlosigkeit)
   c. Gabe der edlen Lehre

2. ethische Disziplin:
   a. durch Gelübde (Versprechen)
   b. durch das Ausführen guter Handlungen
   c. das Wohl anderer bewirken

3. Geduld (Gegenmittel gegen Zorn):
   a. Geduld des Nichtgestörtseins bei schädlichen Handlungen anderer (nicht zornig auf sie werden)
   b. Geduld bzw. Ausdauer bei der buddhistischen Praxis (z. B. Meditation oder Textstudium)

4. freudige Anstrengung (Fleiß), Gegenmittel gegen Faulheit:
   a. freudige Anstrengung beim Auflösen emotionaler Verblendung
   b. freudige Anstrengung beim Ausführen guter Handlungen
   c. freudige Anstrengung beim Bewirken des Wohls anderer

5. meditative Stabilität (erhöht die Wahrnehmungskraft):
   a. sich von Geschäftigkeit lösen
   b. sich von begrifflichem Denken lösen

6. Weisheit (Erkenntnis der wahren Natur des Geistes und der Phänomene)

Zwischen den befreienden Handlungen und den heilsamen bzw. unheilsamen bestehen an vielen Stellen Parallelen, die befreienden Handlungen gehen aber in ihrer Motivation über die Letzteren hinaus, und geben daher ein umfassenderes Bild von der Motivation buddhistischen Handelns. Die befreienden Handlungen stehen immer in direktem Bezug zum Endziel allen buddhistischen Handelns, dem Verwirklichen der Erleuchtung. Bei den heilsamen und unheilsamen Hand-

---

[89] Es ist auch eine Einteilung in zehn Paramitas bekannt, die Gliederung in sechs gilt aber als die ursprüngliche (vgl. Erhard/Fischer-Schreiber, 1992, 172) und ist aus meiner Sicht logisch überzeugender.

lungen dagegen ist das Thema lediglich, wie es gelingt, in Zukunft weniger Leid und mehr Freude zu erfahren. Das Streben nach der Erleuchtung durch Praxis der befreienden Handlungen wird im Mahayana-Buddhismus ‚Bodhicitta' (wörtl. etwa: Erleuchtungsgeist) genannt, und kann als das Kernstück es Mahayana bezeichnet werden.

7.2.2 Erste befreiende Handlung: Freigebigkeit

Bei dem Wort Freigebigkeit denkt man zuerst an die Gabe von Geld oder materiellen Gütern, und weil es beim Thema Ökonomie genau um Geld und materielle Güter geht, wird hier in der Diskussion des Zusammenhangs von Buddhismus und Ökonomie oft ein besonderer Schwerpunkt gesetzt. Diese Tendenz wird dadurch verstärkt, dass man bei einer Betrachtung buddhistisch geprägter Gesellschaften mit starker mönchischer Tradition tatsächlich auf eine Situation stößt, bei der sich die buddhistische Praxis der Laien hauptsächlich auf Spenden an die Klöster beschränkt[90]. Da die meisten Texte, die sich mit dem Thema „Wirtschaft und Buddhismus" beschäftigen, jedoch von asiatischen Mönchen stammen, die dieses System vertreten, hat diese Sichtweise auch in der Literatur Einzug gehalten. So schreiben z. B. Sizemore and Swearer (1990, 16): „If, as we have seen, support of the *sangha* is the most virtuous and soteriologically effective act for the individual and the most productive act on behalf of society, there is a complete and exceptionless identification of religious piety, individual interest and social well-being.".

Die Interpretation der Freigebigkeit im westlichen Buddhismus weicht von der des asiatischen Buddhismus ab, was darauf zurückzuführen ist, dass die asiatische monastische Tradition im Westen nur wenig Akzeptanz findet. Der Unterschied zeigt sich schon im Gebrauch des Begriffs "Sangha" (buddhistische Gemeinschaft, wörtl.: „Schar"): Während er in klösterlich geprägten Gegenden gerne mit der Mönchsgemeinschaft gleichgesetzt wird, schließt er im westlichen Buddhismus die buddhistischen Laien ausdrücklich ein. Obwohl auch im westlichen Buddhismus Geld benötigt und aufgebracht wird, um Meditationszentren zu gründen und zu unterhalten, so ist die dafür benötigte Summe doch deutlich geringer, als wenn zusätzlich noch nicht erwerbstätige Mönche in großer Zahl finanziert werden müssen. Konsistent zur fehlenden mönchischen Ausrichtung liegt im westlichen Buddhismus das Hauptaugenmerk der Laien auf der eigenen Meditationspraxis und der Umsetzung der buddhistischen Weltsicht im Alltag.

---

[90] Diese Reduktion des Begriffes der Freigebigkeit hat sich historisch entwickelt, wahrscheinlich aus Eigeninteresse der Mönche heraus. Diese Interpretation findet sich bei Max Weber, der z. B. über die ceylonesischen Mönche schreibt (Weber, 1921, 280f.): „... ihre berüchtigte Habgier war im wesentlichen auf Vermehrung der Güter des Ordens als solchen gerichtet." Oder an anderer Stelle (ebenda, 268): „Auch im Hinayana wurde das alte Geldbesitz-Verbot der strengen Observanz mit den gleichen Mitteln umgangen wie bei den Franziskanern. Laienvertreter empfingen das Geld und verwalteten es für die Mönche, und selbst in der alten orthodoxen Kirche Ceylons herrschte schließlich der Klingelbeutelbetrieb.".

Für den westlichen Buddhisten stellen Geldspenden eine Möglichkeit unter vielen dar, um Freigebigkeit zu praktizieren.

Aus der unterschiedlichen Schwerpunktlegung der Praxis ergeben sich weitreichende Konsequenzen für wirtschaftliches Verhalten. Sieht nämlich ein buddhistischer Laie seine Hauptaufgabe als Buddhist darin, möglichst große Geldbeträge an Klöster zu spenden, so wird er versuchen, zu diesem Zweck sein Einkommen zu maximieren, unter der Nebenbedingung, dabei möglichst wenige unheilsame Handlungen auszuführen. Sieht ein Laie sich jedoch in der Lage, hauptsächlich durch eigene Meditation seinem Ziel – der Erleuchtung – näher zu kommen, so nimmt potenzielles Einkommen einen viel kleineren Stellenwert ein als die dafür aufzuwendende Zeit. Das führt zwangsläufig zu anderen Entscheidungen hinsichtlich des Trade-offs zwischen eingesetzter Arbeitszeit und Einkommen. Die Zeit erhält einen höheren Wert, und damit ist es wahrscheinlich, dass ein praktizierender Buddhist eher seine Freizeit, die er zur Meditation nutzen kann, als sein Einkommen maximieren will. So schreibt z. B. Helmut Poller (1997, 42): „Buddhist sein ist keine Beruf, sondern eine mit jedem Beruf vereinbare Praxis, solange dieser Beruf mit den sittlichen Regeln des Mahayana vereinbar ist. [...] Um Vajrayana zu üben, braucht man kein Kloster, sondern einen guten Lehrer und Zeit. Geld braucht man, um Übersetzungen zu finanzieren, und damit man Zeit hat."[91].

Wie man sieht, umfasst die buddhistische Definition von Freigebigkeit nicht nur die Gabe von Geld. Definitionsgemäß (vgl. Gampopa, 1996, 164) besteht Freigebigkeit im buddhistischen Sinne aus der Gabe von entweder materiellen Gütern, Schutz, oder der buddhistischen Lehre. Die Motivation des Gebens sollte dabei immer sein, dem Empfänger nutzen zu wollen. So verbieten sich „verkehrte Absicht" – Geben, um anderen zu schaden – und „niedere Absicht" – Geben um des Ruhmes willen, aus Rivalität zu anderen, oder sonstigem Eigennutz (Gampopa, 1996, 165). Als geeignete Empfänger werden besonders 4 Gruppen angesehen:

---

[91] In eine ähnliche Richtung weist auch ein Zitat von Künzig Shamar Rinpoche in einem Artikel über gute Meditationspraxis (Shamar, 2001, 8): „Wir brauchen aber auch bestimmte innere Bedingungen für eine gute Meditation. Die erste Qualität die wir hier brauchen, ist nicht völlig damit beschäftigt zu sein, das zu kriegen was wir wollen. Wir sollten einfach wenig Begierden haben. Die zweite Qualität ist, mit unserer derzeitigen Situation zufrieden zu sein. Wie man diese beiden Qualitäten fördert, lässt sich am Beispiel von Eltern zeigen, die gegenüber ihren Kindern über Meditation reden. Wenn die Eltern gute Praktizierende sind, ermutigen sie ihre Kinder, indem sie sagen: „Versuche, nicht zu ehrgeizig zu sein. Strebe nicht zu sehr nach äußeren Dingen. Sei zufrieden mit dem, was Du hast. In dieser Weise wirst Du fähig sein, Meditation zu praktizieren. Andernfalls verschwendest Du nur Deine Zeit." Eltern, die nicht meditieren, geben den entgegengesetzten Rat: „Du solltest Dich anstrengen und äußerst ehrgeizig sein. Du solltest versuchen, sehr reich zu werden und vorwärts zu kommen. Sammle Besitz an und halte ihn fest. Andernfalls verschwendest Du unsere Zeit."".

1. buddhistische Lehrer und die buddhistische Gemeinschaft,
2. jene, die uns geholfen haben (z. B. die Eltern),
3. jene, die leiden, d. h. Kranke, Bedürftige, Schutzlose,
4. und die eigenen Feinde.

Aus den vier Empfängergruppen lässt sich eine umfassende Verantwortung des buddhistisch Praktizierenden ableiten. Er trägt sowohl Sorge für seine Familie und Freunde, karitative Zwecke, ein friedliches und harmonisches Umfeld, als auch dafür, dass die buddhistische Lehre in der Gesellschaft ein Angebot für all diejenigen bleibt, die sich dafür interessieren. Es wird deutlich, dass Freigebigkeit nicht auf Spenden an Klöster beschränkt ist.

Für den westlichen Buddhisten spielt die „Gabe der buddhistischen Lehre", die aus der Meditationspraxis folgt, eine weitaus größere Rolle. Dazu braucht man, wie von Poller beschrieben, in erster Linie Zeit, und Geld nur, damit man Zeit hat. Damit sind wir wieder an dem Punkt, an dem der Trade-off zwischen Zeit und Geld von westlichen buddhistischen Praktizierenden häufig zugunsten der Zeit entschieden wird. Hier zeigt sich, was schon im Zusammenhang mit „Wohlstand aus buddhistischer Sicht" beschrieben wurde: das individuelle Streben wird auf ein immaterielles Ziel gerichtet, und materielle Ziele werden dem untergeordnet. Sie dienen lediglich als Mittel und komfortable Ausgangsbasis für die Erreichung des als höher eingeschätzten Ziels.

7.2.3 Zweite befreiende Handlung: ethische Disziplin

Ethische Disziplin bezieht sich auf das Unterlassen von Handlungen, die zu Leid führen und damit vom Erreichen der Erleuchtung wegführen, und auf das Ausführen von Handlungen, die zur Erleuchtung hinführen. Sie schließt damit die oben gemachten Aussagen zu den heilsamen und unheilsamen Handlungen direkt mit ein. Darüber hinaus ist es möglich, äußere Gelübde zu halten, in ihrer strengen Form als Mönchs- oder Nonnengelübde, oder in Form der fünf Laiengelübde. Die Laiengelübde umfassen: nicht töten, nicht stehlen, nicht lügen, sich nicht sexuell fehlverhalten und sich nicht berauschen[92]. Hier handelt es sich darum, die unheilsamen Handlungen von Körper und Rede zu unterlassen, die oben bereits besprochen wurden, daher werde ich hier nicht weiter darauf eingehen. Letztendlicher Zweck der Gelübde ist es, ein Verhalten zu unterbinden, das andere grob schädigen würde.

Auf der Basis des Vermeidens schädlicher Handlungen kann mit dem Ausführen von heilsamen Handlungen begonnen werden. Diese werden im Mahayana unter der Motivation eines Bodhisattvas (wörtl.: „Erleuchtungsmutiger") oder unter dem oben erwähnten Begriff „ strebender Erleuchtungsgeist" zusammengefasst.

---

[92] Berauschende Substanzen sollen gemieden werden, weil der Rausch leicht dazu führt, dass man sein Verhalten in Hinblick auf die ersten vier Gelübde nicht mehr voll kontrollieren kann.

Die Motivation eines Bodhisattvas ist die Einstellung, allen Lebewesen nach bestem Wissen, Gewissen und Vermögen zu nützen. Diese Einstellung hervorzubringen und zu kultivieren, wird dadurch unterstützt und gefestigt, dass sie förmlich vor einem Lehrer als Versprechen oder Gelübde[93] abgelegt wird. Diese Einstellung ist sehr weitreichend und von keiner Lebenssituation zu trennen. Das führt bei jemandem, der diese Einstellung als buddhistische Praxis ernst nimmt, automatisch dazu, dass er das Bedürfnis hat, auch seine Arbeitszeit mit einer Tätigkeit zu verbringen, die möglichst nützlich für andere ist. Hier haben wir nochmals den Bezug zu den Zitaten im Kapitel über den vollkommenen Lebenserwerb: dieser ist umso mehr gegeben, je mehr wir durch den Beruf anderen nützen, und je weniger wir schaden. Ob daraus nun Unzufriedenheit mit dem eigenen Beruf entsteht, da in einer arbeitsteiligen Wirtschaft bei vielen Tätigkeiten der konkrete Nutzen nur sehr abstrakt wahrnehmbar ist, ist Ansichtssache. Wahrscheinlicher ist, dass ein Buddhist in Erwägung ziehen wird, seinen Beruf zu wechseln, wenn er feststellt, dass er konkret daran beteiligt ist, andere zu schädigen. Kommt er dagegen zu dem Schluss, dass er durch seine Arbeit niemanden schädigt, so muss er nicht ausschließlich durch das Produkt, an dem er beteiligt ist, Nutzen stiften, sondern kann auch innerhalb der Firma durch die Art, wie er die anderen Mitarbeiter, Zulieferer und Kunden behandelt, seinen Beitrag leisten.

An dieser Stelle bleibt festzuhalten, dass die Bodhisattvaeinstellung der direkte Gegensatz zum ökonomischen Verständnis der Eigennutzmaximierung ist und sein muss, da sie ja als dessen Gegenmittel wirken soll. Damit widerspricht die Bodhisattvaeinstellung dem, was in der Ökonomie als „rationales Verhalten" angesehen wird. Beispielsweise schreiben Kasper und Streit (1998, 64): "Altruism is an attitude that places the interests of others above one's own. It contrasts not only with egotism (ruthless self-seeking), but also with a rational extended self-interest in pursuing own goals in preference to satisfying the poorly known aspirations of others." Selbstverständlich stellt sich auch für einen Buddhisten das Problem herauszufinden, was für einen anderen tatsächlich von Nutzen ist, zumal ausdrücklich darauf hingewiesen wird, dass das, was einem anderen nutzt, nicht unbedingt mit dem identisch sein muss, was er sich wünscht, und damit artikulieren kann[94]. Im Buddhismus wird die Lösung des Dilemmas herauszufinden, was einem andere wirklich nützt, allerdings mithilfe einer Methode gesucht, die in den ökonomischen Lehren verständlicherweise nicht zur Verfü-

---

[93] Die genaue Beschreibung der Zeremonie und der Wortlaut des Gelübdes findet sich bei Gampopa (1996, Kap. 9). Kurzgefasst gibt Ole Nydahl den Inhalt wie folgt wieder: „Versprechen, zum Besten aller mit unendlicher Ausdauer und Kraft zu arbeiten, bis alle Wesen befreit bzw. erleuchtet sind." (Nydahl, 1994, 79).

[94] So schreibt z. B. Gampopa (1996, 165): „ Wem Gift nutzt, dem kann sogar Gift gegeben werden, aber wem reiche Nahrung schadet, dem sollte keine gegeben werden. Sogar der Mächtige hat gesagt, dass man etwas Unangenehmes tun soll, wenn es anderen nutzt – genauso, wie es ratsam sein kann, einen Finger abzuschneiden, in den eine Schlange gebissen hat.".

gung steht: durch die in der Meditation erlangte Geistesruhe soll eine erhöhte Wahrnehmung[95] erreicht werden, sodass der Praktizierende tatsächlich erkennen kann, welches Verhalten er an den Tag legen muss, um dem anderen größtmöglich zu nutzen. Genau das ist Zweck der fünften befreienden Handlung, meditativer Stabilität. Innerhalb der buddhistischen Ideologie stellt dies eine realistische, und – wenn auch nur langfristig – erreichbare Möglichkeit dar, für den Ökonomen hingegen nicht. Daher werden beide zu unterschiedlichen Urteilen über die Rationalität von Bodhicitta gelangen. Beide gehen von unterschiedlichen Prämissen aus. Wenn man wie Kasper und Streit davon ausgeht, dass es unmöglich ist, die Wünsche und Bedürfnisse der Anderen zu kennen, dann ist es effizienter, wenn sich jeder um die bekannten eigenen Wünsche und Bedürfnisse kümmert, anstatt sein Handeln auf die unvollständige Information zu gründen, die er über die anderen hat. Da in der ökonomischen Lehre auch nicht die These aufgestellt wird, dass der höchste Nutzen erst durch die Auflösung dualistischen Erlebens entsteht, besteht im Gegensatz zum Buddhismus kein qualitativer Unterschied zwischen dem Verfolgen der eigenen Bedürfnisse, und denen der anderen. Wichtig ist aus ökonomischer Sicht lediglich, wie viele Bedürfnisse insgesamt befriedigt werden, je mehr, desto besser. Und da ist es aufgrund der Informationsasymetrie wahrscheinlich, dass insgesamt mehr Bedürfnisse befriedigt werden, wenn jeder sich um seine eigenen kümmert. Dieses Verhalten wird damit als rational beurteilt. Geht man hingegen davon aus, dass der Bodhisattva eine abhängige Nutzenfunktion besitzt, so ist sein Verhalten innerhalb seines Weltbildes rational.

Im Zusammenhang mit der ethischen Disziplin eines Bodhisattvas ist insbesondere die Motivation von entscheidender Bedeutung. Ausdrücklich wird in diesem Zusammenhang davor gewarnt, sich von der Aussicht auf Gewinn und Anerkennung motivieren zu lassen. Hier ist zu bedenken, dass die Intention der befreienden Handlungen eine pädagogische ist. Diese Warnung bedeutet also gleichfalls das Eingeständnis, dass Gewinn und Anerkennung weit verbreitete Beweggründe sind. Da diese beiden Faktoren die Hauptanreize sind, die in einer Marktwirtschaft die Menschen motivieren, wird die Gegensätzlichkeit der beiden Weltanschauungen hier besonders deutlich. Wie bereits erwähnt, bestreitet der Buddhismus nicht, dass die meisten Menschen – inklusive der gewöhnlichen Buddhisten – eben diesen Zielen nachgehen. Gleichzeitig wird aber verdeutlicht, dass sie konträr zum buddhistischen Weg sind. So heißt es im „Sutra des Hervorrufens höherer Motivation"[96] (Gampopa, 1996, 181): „Maitreya, ein Bodhisattva sollte beachten, dass Gewinn und Anerkennung Begierde hervorrufen,

---

[95] So schreibt beispielsweise Atisha (Bodhipatha-pradipa, in: Gampopa, 1996, 199): „Ist geistige Ruhe nicht verwirklicht, erscheint keine klare Wahrnehmung. Und ohne die Kraft klarer Wahrnehmung sind wir nicht fähig, das Wohl der Wesen zu bewirken." Nach den mündlichen Erläuterungen von Khenpo Tsültrim dazu können wir anderen genau deswegen nicht helfen, weil uns ohne die „übersinnliche" Wahrnehmung, die aus der meditativen Stabilität entsteht, das Wissen darum fehlt, was für andere wirklich von Nutzen ist.

[96] skt.: Adhyashayasamcodana-Sutra

Hass hervorrufen und Verblendung hervorrufen. Er sollte wissen, dass Gewinn und Anerkennung Unaufrichtigkeit hervorrufen, dass sie von allen Buddhas abgelehnt werden und die Wurzeln alles Heilsamen zerstören. Er sollte beachten, dass Gewinn und Anerkennung so verführerisch sind wie Dirnen, ...".

7.2.4 Dritte befreiende Handlung: Geduld

Die dritte befreiende Handlung beschreibt die Übung der Geduld. Sie umfasst hauptsächlich Ratschläge dazu, wie man Schwierigkeiten auf persönlicher Ebene so begegnet, dass man gleichzeitig Zorn darüber vermeidet. Somit wirken sich die gegebenen Anweisungen nicht auf das Konsum- und Produktionsverhalten an sich aus, wohl aber auf die direkten Beziehungen zwischen praktizierenden Buddhisten und ihren Mitmenschen. Es spielt damit im Arbeitsalltag eine Rolle. Das Bestreben eines Buddhisten, sich auch in schwierigen Situationen nicht von starken Emotionen – insbesondere nicht von Zorn – lenken zu lassen, steht dabei in großem Einklang mit dem Verhalten, das innerhalb einer Firma im Umgang mit Mitarbeitern und Kunden gewünscht ist. Von daher gibt es hier keine Differenz zwischen dem von Buddhisten geforderten Verhalten, und dem innerhalb einer Marktwirtschaft erwünschten Verhalten.

7.2.5 Vierte befreiende Handlung: freudige Anstrengung

Die „freudige Anstrengung" bezieht sich, als befreiende Handlung gemeint, ausschließlich auf die buddhistische Praxis. Dies jedoch in zweierlei Hinsicht: einmal hinsichtlich der eigenen Meditationspraxis, zum Zweiten hinsichtlich des Ausführens positiver Handlungen. Gampopa betont Letzteres. So schreibt er (Gampopa, 1996, 193)[97]: „Die Essenz von freudiger Ausdauer ist Freude am Ausführen guter Handlungen. Im *Abhidharma-Kompendium:* »Was ist freudige Ausdauer? Eine Geisteshaltung, die wirklich Freude an guten Handlungen hat – das Gegenmittel für Faulheit.«".

Die vierte befreiende Handlung kann als individuelles Streben verstanden werden, und wirkt als Verstärker der zuvor beschriebenen buddhistischen Handlungsempfehlungen. Dies geschieht vor allem dadurch, dass hier Zeitdruck aufgebaut wird, indem auf die Vergänglichkeit des eigenen Lebens und der äußeren Bedingungen Bezug genommen wird. Hierzu zitiert Gampopa aus *Eintritt in die Bodhisattvapraxis* (Gampopa, 1996, 194)[98]: „Da der Tod so schnell naht, erwirb die Ansammlungen, solange noch Zeit ist, denn selbst wenn du dann die Faulheit aufgibst, bleibt nicht die Zeit, irgendetwas zu tun."

---

[97] Gampopa (1996, 193) zitiert aus dem Abhidharma-Kompendium, skt. Abhidharmasamuccaya von Asanga.
[98] Gampopa, 1996, 194: zitiert wird aus dem Eintritt in die Bodhisattva-Praxis, skt. Bodhi(sattva)-charyavatara von Shantideva.

Wie bereits im Zusammenhang mit dem Wettbewerb diskutiert wurde, ist die Strebsamkeit im buddhistischen Sinne nicht deckungsgleich mit der von ökonomischer Seite gewünschten. Gampopa grenzt die vierte befreiende Handlung ausdrücklich dagegen ab, indem er Ergeiz, der sich auf Ziele und Taten bezieht, die nicht zur Erleuchtung führen, als „niedere Faulheit" bezeichnet (Gampopa, 1996, 195): „Niedere Faulheit besteht im Haften an nichtheilsamen Handlungen wie Feinde besiegen und Besitz anhäufen zu wollen und dergleichen." Ablenkungen von dem buddhistischen Ziel der Erleuchtung werden also als eine Art von Faulheit bezeichnet, egal, mit welcher Anstrengung sie betrieben werden.

Es wird deutlich, dass die wirklich wesentliche Differenz zwischen buddhistischer Ideologie und Ökonomik nicht in den ‚Handlungsbeschränkungen' besteht, sondern in der ‚Zielbeschränkung'[99]. Die Handlungsbeschränkungen ergeben sich erst in zweiter Linie aus der Zielbeschränkung.

Wie sich die ‚freudige Anstrengung' konkret auf das Leben auswirken wird, kann jedoch nicht generell gesagt werden, es ist abhängig von der Art und Weise, wie die buddhistische Praxis in das Leben integriert wird. Widmet zum Beispiel ein Buddhist seine Freizeit der Meditation und geht daneben einer gewöhnlichen Arbeit nach, so ist es wahrscheinlich, dass sich die im Rahmen der Meditationspraxis entwickelte Konzentration und Strebsamkeit auf jede zu verrichtende Handlung überträgt, einschließlich „weltlicher" Handlungen. Dies ist der unter westlichen Buddhisten am häufigsten praktizierte Weg. Eine solche Lebensweise basiert auf der Aussage, dass es unerheblich ist, welcher Tätigkeit man im Leben nachgeht, solange die richtige Motivation und Sichtweise zugrunde liegen. So heißt es zum Beispiel (Gampopa, 1996, 182)[100]: „Bodhisattvas, die solche Disziplin besitzen, regieren als Weltenherrscher, ohne dadurch irgendwelchen Schaden zu nehmen, denn auch dann sind sie achtsam und streben nach Erleuchtung.".

Andere Textstellen weisen daraufhin, dass es vor allem für Anfänger schwierig ist, sich von ihren weltlichen Gewohnheiten zu lösen, und eben jene erforderliche Sichtweise und Motivation innerhalb ihres Alltags zu entwickeln. Hier wird dann meist zu einem radikalen Schritt, einer langen Meditationszurückziehung, geraten. Der oben erwähnte Zeitdruck verstärkt den Drang zu dieser Entscheidung. In traditionell buddhistischen Gesellschaften hat sich jeweils ein recht beachtlicher Teil der Gesellschaft zumindest für einige Zeit ihres Lebens zu solchen Zurückziehungen entschieden, was dem Buddhismus den Ruf einer weltabgewandten Religion einbrachte, und tatsächlich wirtschaftlich weitreichende Folgen hatte. Dies ist Thema der fünften befreienden Handlung: meditative Stabilität. Im Fall der vierten befreienden Handlung bleibt festzuhalten, das sich im

---

[99] Die Zielbeschränkung erfolgt in dem Moment der „Zufluchtnahme", dem Ritual, das den Buddhisten zu einem solchen macht. Inhalt der Zufluchtnahme ist es, fortan die Erleuchtung als höchstes anzustrebende Ziel anzuerkennen.
[100] Gampopa (1996, 182) zitiert aus dem von Narayana erbetenen Sutra.

Fall letzterer Interpretation der Texte die bei der Praxis gewonnene freudige Ausdauer keinesfalls positiv auf andere Lebensbereiche überträgt, sondern im Gegenteil, zu einer Ausgrenzung anderer Lebensbereiche führt. Die Mehrheit der buddhistischen Schulen im Westen lehren ersteren Weg, die Integration von buddhistischer Ideologie und Alltag, inklusive Beruf, Familie, etc.

7.2.6 Fünfte befreiende Handlung: Meditative Stabilität

Im vorangehenden Kapitel wurde erwähnt, dass für den Buddhisten sämtliche Handlungen, die nicht auf das Erreichen der Erleuchtung ausgerichtet sind, als Ablenkungen, und damit als eine Art von Faulheit gelten. Die fünfte befreiende Handlung beschäftigt sich nun mit den entsprechenden Techniken, die helfen, eine solche Ablenkung zu vermeiden. Dies ist insofern relevant, als hier die möglichen Lebensentwürfe der Buddhisten begründet werden. Als notwendige Voraussetzung für meditative Stabilität – oder auch Geistesruhe oder Konzentration – wird die ‚Abgeschiedenheit' genannt (Gampopa, 1996, 200f.): „Um solche meditative Stabilität zu erlangen, müssen wir alles aufgeben, was ihr nicht förderlich ist und ablenkt. Gib also als erstes Ablenkung auf. Hierfür braucht es Abgeschiedenheit: körperliche Abgeschiedenheit, indem du dich von Geschäftigkeit löst, und geistige Abgeschiedenheit, indem du dich von begrifflichem Denken löst." Mit „Geschäftigkeit" ist hier stets abgelenktes Handeln gemeint, nicht Handeln an sich.

Die „körperliche Abgeschiedenheit" muss sich dabei nicht zwangsläufig räumlicher Entfernung äußern, sondern kann sich auch ausschließlich innerlich vollziehen. Die Kerngedanken sind hier wiederum die ‚Nicht-Anhaftung' und die ‚Zielbeschränkung'. Es geht hier wieder um den schon erwähnten entscheidenden Punkt, nicht mehr weltliche Ziele anzustreben, sondern ausschließlich die Erleuchtung, und sich davon nicht durch die so genannte ‚Geschäftigkeit' ablenken zu lassen. Genau das ist schon mit dem buddhistischen Zufluchtsversprechen gemeint: fortan nicht mehr zu versuchen, sein Glück in Äußerem zu finden, sondern im eigenen Geist. Konsequenterweise ist damit jedes Haften[101], sowohl an anderen Menschen als auch an Materiellem ein Verstoß gegen das Zufluchtsversprechen, und solange dies geschieht, fehlt die Grundlage, das buddhistische Ziel der Erleuchtung zu verwirklichen. Hierzu schreibt Gampopa (1996, 201): „Die Ursachen von Geschäftigkeit und zugleich auch der Grund, warum wir sie

---

[101] Die Ablenkungen, auf die man sich aufgrund der Anhaftung einlässt, haben nach Gampopa viele Nachteile (Gampopa, 1996, 201): „Der Körper ist ungezügelt, die Rede ist ungezügelt, der Geist ist ungezügelt. Die emotionale Verblendung ist groß. Man ist von weltlichem Gerede angezogen. Negative Kräfte haben freie Bahn, einem zu schaden. Man ist unachtsam und sorglos. Man erlangt weder geistige Ruhe noch intuitive Einsicht. Begierde, Hass, Verblendung und Ablenkungen jeder Art nehmen zu. Die Kenntnis des Dharma lässt nach, man verliert den Respekt für den Dharma, hört auf, ihn zu praktizieren, die Gelübde werden rasch beschädigt oder gebrochen, und das Vertrauen in Buddha, Dharma und Sangha geht verloren.".

nicht aufgeben, sind unsere Anhaftungen: unser Haften an Lebewesen, wie Familie, Angestellten, Bekannten usw., wie auch unser Haften an materiellen Dingen, wie Essen und Besitz, sowie unser Haften an Anerkennung, Erfolg und Ansehen. Aufgrund all dieser Anhaftungen lassen wir Ablenkungen nicht los.".

An diesen Erläuterungen erkennt man, dass aus buddhistischer Sicht das Haften das Kernproblem ist, was dann die ganze Kette negativer Folgen nach sich trägt. Empfohlen wird daraufhin bei Gampopa, wie in den meisten, vor allem klassischen Texten, sich rein körperlich aus der Welt zurückzuziehen, z. B. in eine Einsiedelei, oder in das Leben als Mönch oder Nonne. Das wird jedoch von den Vertretern des heutigen westlichen Buddhismus anders gesehen. So beschreibt Manfred Seegers in seiner Besprechung der fünften befreienden Handlung lediglich, dass es für den Praktizierenden nötig ist, sich einen Ort einzurichten, an dem er ungestört meditieren kann (Seegers, 2002, 111). So kann er sich Abstand von der Geschäftigkeit des Alltags schaffen, und die entscheidende geistige Arbeit verrichten: die Anhaftung an Weltliches vermindern[102]. Die Meditation dient als Mittel, um die Aufmerksamkeit zu entwickeln, die es erst ermöglicht, Gelegenheiten für gute Handlungen wahrzunehmen (Dreyfus, 1995, 15): „It is here that the role of attention becomes cental to the good life. For, in most cases, our difficulty in behaving ethically does not come from cognitive difficulties, at least understood in the ordinary sense of the word. [...] In most cases, our problem does not come from a lack of information, but from an emotional inability to see the ethically relevant features of a situation. [...] It is here that the type of attention developed by meditation becomes particularly relevant.".

Meditation und Geistesruhe sind also elementare Bestandteile buddhistischer Praxis, an dieser Tatsache selbst hat sich auf dem Weg des Buddhismus nach Westen nichts geändert. Ein Grund dafür, dass aber die körperliche Zurückziehung vom modernen westlichen Buddhismus wesentlich weniger betont wird als in den alten Texten, liegt sicher in den völlig anderen Lebensumständen. Die Möglichkeit, sich selbst in der Großstadt in seine private Wohnung zurückziehen zu können, war bei den früher und häufig heute noch bestehenden asiatischen Wohnverhältnissen unmöglich, sodass die Einsiedelei oder das Kloster die einzigen Rückzugsmöglichkeiten waren, bzw. sind.

Das führt dazu, dass für den westlichen Buddhisten nur in Ausnahmefällen ein Austritt aus dem Wirtschaftskreislauf zu erwarten ist, da der völlige Rückzug für

---

[102] Wie man es dann schafft, sich nicht von der Geschäftigkeit ablenken zu lassen, wird wie folgt beschrieben (Seegers, 2002, 141): „Außerhalb der Meditation, während wir mit den Aktivitäten des täglichen Lebens beschäftigt sind, sollten wir möglichst jede noch so geringfügige Gelegenheit für positive Handlungen nutzen. Dabei ist die grundlegende Achtsamkeit oder Bewusstheit wichtig, solche Gelegenheiten überhaupt wahrzunehmen, und nicht in alte, schlechte Gewohnheiten hineinzufallen. (...) So empfiehlt es sich, morgens gleich Zuflucht zu nehmen und die erleuchtete Geisteshaltung zu entwickeln. Damit wird jede Handlung während des Tages zu der Handlung eines Bodhisattva, zu einem Schritt auf dem Weg zur Erleuchtung. Abends schauen wir auf den Tag zurück und widmen alles Gute, was während des Tages geschah, der Erleuchtung aller Lebewesen.".

seine Religionsausübung nicht mehr zwingend notwendig ist. Vielmehr ist mit einer Änderung der Präferenzen bezüglich Freizeit und Arbeit zu rechnen, einerseits, da sich der Buddhist bewusst Freiraum für seine Praxis schaffen wird, und gleichzeitig sein Ehrgeiz, weltliche Ziele um ihrer selbst willen erreichen zu wollen, nachlässt.

7.2.7 Sechste befreiende Handlung: Weisheit

Unter der Überschrift „Weisheit" finden sich die philosophischen Erläuterungen zur buddhistischen Weltsicht, sozusagen die Beschreibung der kognitiven Regeln. Da diese Erklärungen schon in die vorangegangenen Textstellen eingeflossen sind, werde ich mich hier nicht nochmals wiederholen. Nur so viel ist an dieser Stelle wichtig: auf dieser letzten Stufe der Erklärungen zum idealen buddhistischen Verhalten, findet sich die Aussage, dass alle bis dahin erklärten Verhaltensregeln hinführender und nicht absoluter Natur sind, d. h. sie sind Mittel, und nicht Zweck: „Jemand mag zu Hause leben, ohne sich Bart und Haare zu scheren, ohne Roben zu tragen und ohne an Disziplin zu denken – besitzt ein solcher aber authentische Verwirklichung, so ist er ein „Mönch" im wahren Sinne." (Gampopa, 1996, 237) [103].

7.3 Auswirkungen auf das Produktions- und Konsumverhalten

Nach der allgemeinen Diskussion des aus buddhistischer Sicht idealen Verhaltens, die ich an den befreienden Handlungen abgearbeitet habe, möchte ich die Ergebnisse auf die Frage übertragen, wie sich das buddhistische Ideal im Konsum- und Produktionsverhalten niederschlägt. Ganz generell lässt sich vermuten, dass die Motivation eines Bodhisattvas, den Wesen nutzen zu wollen, dazu führt, dass auch beim Konsum oder bei der Produktion der Nutzen[104] oder die Funktion der Produkte und Dienstleistungen in den Vordergrund rückt.

Diese Diskussion lässt sich nur im Hinblick auf den einzelnen buddhistischen Akteur führen. Damit möchte ich sagen, dass ich bewusst nicht auf die Frage eingehe, ob die Welt eine bessere wäre, wenn mehr Menschen mit einer buddhistischen Motivation handeln würden. Wie aus der Erläuterung der Governancestruktur deutliche wurde, verfügt die buddhistische Ideologie als ganzes System über keinerlei Durchsetzungsmechanismen. Da eine Defektion durch Ablehnung des gesamten Buddhismus keine Kosten verursacht, ist anzunehmen,

---

[103] Gampopa (1996, 237) zitiert aus dem „Zehn Kreise (des Bodhisattvas) ‚Essenz der Erde' Sutra", skt.: Dashabhumika-Sutra.
[104] So schreibt zum Beispiel P.A. Payutto (1999, 73): „Der Buddhismus hingegen unterscheidet zwischen zwei Arten von Konsum, die man als „richtigen" und „falschen" Konsum bezeichnen kann. Bei richtigem Konsum macht man sich Güter und Dienstleistungen nutzbar, um das Verlangen nach echtem Wohlergehen zu befriedigen. Dies ist zweckgebundener und zielgerichteter Konsum. Falscher Konsum entspringt Tanhā: es ist die Verwendung von Gütern und Dienstleistungen, um das Verlangen nach angenehmen Gefühlen oder egoistischer Selbstbefriedigung zu stillen.".

dass alle Akteure, deren mentale Modelle sich stark von der buddhistischen Ideologie unterscheiden, diese ablehnen werden, und aus buddhistischer Sicht nichts dagegen getan werden kann. Daher fehlt der Frage, ob es besser wäre, wenn es mehr Buddhisten gäbe, nicht nur heute jegliche praktische Relevanz, sondern sie hatte diese Relevanz nie und wird sie nie haben. Sinnvollerweise kann also nur die Frage gestellt werden, welche Auswirkungen die buddhistische Ideologie auf Konsum und Produktion hat, wenn sie bereits die kognitiven Regeln eines Akteurs bestimmt.

7.3.1 Konsum

7.3.1.1   Auswirkungen buddhistischer Ideologie auf Konsum

Ist ein Akteur authentisch altruistisch motiviert, so muss sich diese Motivation auch in seinem Konsumverhalten niederschlagen. Auch hier findet wieder die bereits erwähnte Unterordnung des ökonomischen statt. Für den altruistischen Akteur stehen Konsumentscheidungen daher unter der Leitfrage: „Wie kann dieses Produkt oder diese Dienstleistung dazu beitragen, dass ich anderen besser nutzen kann?" Im Allgemeinen dadurch, dass sie entweder mehr Kraft oder mehr Zeit schaffen[105]. Unter dem Begriff „Kraft schaffen" verstehe ich das, was dazu beiträgt, die körperliche und geistige Leistungsfähigkeit langfristig zu steigern oder zu erhalten, da sie Basis für jede Interaktion mit der Welt sind. Sie können umso besser zum allgemeinen Nutzen eingesetzt werden, je störungsfreier sie funktionieren. Unter dieser Prämisse sollte ein Buddhist versuchen, seine Grundbedürfnisse, wie Essen, Trinken, Kleidung, Wohnung etc. zu befriedigen.

Geht man weiter davon aus, dass nach buddhistischer Ansicht nur die Praxis der Lehre, als Studium, Meditation und Verbreitung, dauerhaften Nutzen bringt, und man dies nur Erreichen kann, wenn man Zeit investiert, und Zeit ein mit 24 Stunden pro Tag absolut begrenzter Faktor ist, so erhält die Zeit zwangsläufig eine höheren Wert. Aus ökonomischer Sicht steigt unter der buddhistischen Ideologie der relative Preis der Zeit signifikant an. Das spiegelt sich im Trade-off zwischen Freizeit und Arbeitszeit wieder, und bedeutet praktisch formuliert, dass der Buddhist versuchen wird, den Arbeitseinsatz, den er zur Deckung seiner Grundbedürfnisse benötigt, zu minimieren. Wie viel Arbeitseinsatz er dafür benötigt, hängt wiederum davon ab, was er als seine ‚Grundbedürfnisse' empfindet. Je bescheidener sie ausfallen, umso weniger Arbeitseinsatz wird benötigt, was wiederum in mehr Freizeit – bzw. Meditationszeit- resultiert. Ist die buddhistische Ideologie also internalisiert, lässt sich annehmen, dass es zu einer echten Präferenzverschiebung hin zu mehr Freizeit kommt, und in der Folge

---

[105] P.A. Payutto (1999, 79) sagt dazu: „Nach buddhistischer Auffassung liegt der Nutzen von Gütern und Dienstleistungen darin, den Konsumenten insofern zu befriedigen, als er die Qualität seines Lebens steigert.".

insgesamt zu einer Verringerung des Konsums. Vom Akteur selbst wird dies als sich automatisch ergebende Bescheidenheit empfunden, und nicht als erzwungener Konsumverzicht.

Die Internalisierung der buddhistischen Weltsicht und seines Ideals mittels Meditation ist ein langsamer Prozess, der als Gegenmittel zu weltlichen Verhaltensmustern gedacht ist. Je stärker die Internalisierung voranschreitet, desto stärker wird sie auf weltlicher Ebene zu konträrem Verhalten – und der erwähnten Präferenzänderung – führen. Dass „der Buddhismus und die Wirtschaft die Ansicht teilen, dass die menschlichen Begierden ohne Grenzen sind" (Payutto, 1999, 59), gilt zunehmend nicht mehr. Der Fortschritt in der Bodhisattvapraxis lässt sich im Allgemeinen an der zunehmenden Bedürfnislosigkeit messen, oder anders ausgedrückt, Konsum als Zweck kommt für einen Bodhisattva nicht vor, nur als Mittel. Hieraus folgt, dass bezüglich der Produktentscheidung die Funktion in den Vordergrund rückt.

Nach buddhistischer Lehre gleicht Samsara – die Realität – einer Illusion[106]. Aufgabe der buddhistischen Praxis ist das Enttarnen der Illusion. Das lässt sich auch auf den Konsum übertragen, und zwar im Sinne von einer Enttarnung von Marketing-Welten als Scheinwelten. Da die buddhistische Sinngebung auf einer vorgelagerten kognitiven Ebene stattfindet, entwickelt sich eine zunehmende Unabhängigkeit von bzw. Resistenz gegen Marketing-Scheinwelten. Der Buddhist erfährt ‚Sinngebung' aus der buddhistischen Ideologie heraus, und indem er durch diese „Brille" in die Welt sieht, wird er gegen konkurrierende Sinngebungsangebote immun. Erklärt man ein Produkt als physisches Gut plus Bedeutung (vgl. Priddat, 2000, 137), dann erhält aus buddhistischer Sicht das physische Gut die weitaus stärkere Relevanz. Wie sehr die Enttarnung von Scheinwelten im Buddhismus thematisiert wird, zeigt an der Lebensgeschichte des Buddha. Zu seiner Geburt wird den Eltern prophezeit, dass er ein großer König wird, wenn er nicht mit dem Leid des Lebens konfrontiert wird. Andernfalls würde er ein Religionsstifter werden. Da der Vater als König Interesse an einem Erben hat, konstruieren die Eltern innerhalb des Palastes eine Scheinwelt ohne Leid für ihren Sohn. Diese Illusion können sie aber nicht dauerhaft aufrechterhalten: der Buddha begegnet Alter, Krankheit und Tod. Im Angesicht der Realität wendet er sich ab und sucht dauerhaftes Glück außerhalb von Scheinwelten. Buddhistisch ausgedrückt nimmt er in diesem Moment Zuflucht. Diese „Zufluchtnahme" wird bis heute von jedem Buddhisten wiederholt, denn nur durch die Zufluchtnahme wird ein Buddhist überhaupt zu einem solchen. Die besagte Bedeutungsgenerierung durch Firmen erfolgt nicht kostenlos. Geht man also davon aus, dass ein Produkt sich aus physischem Gut plus Bedeutung zusammensetzt, so lässt sich auch der Preis des Gutes in diese

---

[106] Gampopa (1996, 21): „Das eigentliche Wesen von dem, was Daseinskreislauf (Samsara) genannt wird, ist Leerheit. Seine Erscheinungsweise ist Täuschung, und seine charakteristische Eigenschaft ist das Auftreten von Leid.".

mensetzt, so lässt sich auch der Preis des Gutes in diese beiden Komponenten unterteilen. Meine Analyse legt die Vermutung nahe, dass die durch den Güter-produzenten vorgeschlagene Bedeutung für den Buddhisten von geringem Wert ist, weshalb er nicht bereit sein wird, dafür zu bezahlen[107]. Also wird er verstärkt Güter konsumieren, deren Preis hauptsächlich für den physischen Bestandteil anfällt.

Nach den Ausführungen zum Thema „Konsum, der Nutzen schafft" bleibt noch zu erwähnen, dass im Einklang mit den Erläuterungen zum Karmagesetz auch auf jeden Fall Konsum zu vermeiden ist, der andere schädigt. In unserer hoch arbeitsteiligen Gesellschaft ist es weitgehend unmöglich zu wissen, unter wel-chen Bedingungen genau ein Produkt hergestellt wurde, und ob während dieses Prozesses vielleicht jemand geschädigt wurde. Dementsprechend geht es aus buddhistischer Sicht auch nicht darum, dass die Akteure zusätzliche – womög-lich horrende – Informationskosten auf sich nehmen sollen. Stattdessen ist ge-meint, dass sie vorhandenes Wissen in moralisches Handeln umsetzen sollen[108]. Edwards drückt es so aus (1998, 167): „Compassion, then, as the tale of Asanga makes clear, is not merely about giving money from a position of ignorance, but about overcoming our selfishness sufficiently to want to see the truth – it is not a lack of charity but a lack of understanding born of a lack of desire to under-stand…".

Wo kann von solch schädigendem Konsum ausgegangen werden? Ich werde hier keine vollständige Aufzählung geben können. Hier seien nur zwei beson-ders offensichtliche Fälle genannt. Zum einen ist zum Beispiel der Kauf von Hehlerware nicht mit buddhistischer Praxis vereinbar, da hier offensichtlich der rechtmäßige Eigentümer zu Schaden gekommen ist. Der zweite Fall ist der Fleischkonsum und der Kauf von Produkten aus Massentierhaltung. Der Bud-dhismus unterscheidet hinsichtlich des Rechts auf Leben nicht zwischen Mensch und Tier. Es ist es offensichtlich, dass einem Tier Schaden zugefügt wurde, be-vor sein Körper stückweise verkauft werden kann. Das bei Konsumentscheidun-gen zu missachten[109], ist ein deutlicher Fall von „aktivem Nicht-Wissen". Diese

---

[107] In diese Richtung weist auch Payutto (1999, 76): „…wann immer wir etwas brauchen, sei es nun Nahrung, Kleidung oder auch nur Papier oder Elektrizität, müssen wir uns Zeit nehmen, über den wah-ren Zweck dieser Sachen nachzudenken, statt sie unachtsam zu gebrauchen. Wenn wir uns solche Ge-danken machen, vermeiden wir unbesonnenen Konsum und lernen, „das rechte Maß" und den „mittle-ren Weg" zu verstehen.".

[108] In diese Richtung argumentiert auch Dreyfus (1995, 15): „In most cases, our problem does not come from a lack of information, but from an emotional inability to see the ethically relevant features of a situation.".

[109] Mit ‚missachten' ist hier der Fall gemeint, dass jemand selber aus moralischen Gründen das Tier nicht töten würde, um sein Fleisch zu konsumieren, aber keine Bedenken gegen Fleischkonsum hat, wenn er den Tötungsakt nicht sieht. Hier ist davon auszugehen, dass der Akteur versucht, durch be-wusstes Verdrängen seine sich widersprechenden Präferenzen für Fleischkonsum und die Nicht-Tötung von Tieren in Einklang zu bringen.

Beispiele sollen zeigen, dass allein die buddhistische Praxis von bewusstem Nicht-Wegsehen schon deutliche Auswirkungen auf Kaufentscheidungen hat.

Die verhaltenskanalisierende Kraft ist hier allerdings weniger ein ‚moralischer Konsum' (vgl. Priddat, 2000, 133), der versucht über einen Boykott den Produzenten zu strafen und zu einer als moralischer empfundenen Produktionsweise zu bewegen. Vielmehr versucht der Buddhist darauf zu verzichten, sich an einer negativen Handlung zu beteiligen, da er andernfalls die negativen karmischen Konsequenzen (ökonomisch: sprich Kosten) zu tragen hätte. Priddat (2000, 136) fragt: „Aber ist es rational, moralisch sein zu wollen, und zugleich zu wissen, dass diese Attitüde in großen Gruppen (z. B. in Gesellschaften) wirkungslos bleibt?" Die Antwort ist ideologieabhängig: aus ökonomischer Sicht lautet sie Nein, aus buddhistischer Ja; und verantwortlich für diesen Unterschied zeichnet sich die Karma-Lehre. Für den Buddhisten sind in erster Linie die individuellen karmischen Auszahlungen relevant, und die gesellschaftlichen Auswirkungen sind zweitrangige Nebeneffekte. Da die Ökonomik nicht von karmischen Kosten ausgeht, zählt aus dieser Sicht allein die gesellschaftliche Wirkung. Der Buddhist jedoch wird ideologiebedingtes moralisches Verhalten unabhängig von dessen gesellschaftlicher Effektivität an den Tag legen. Ökonomisch ausgedrückt heißt das: in der Höhe, wie ein Akteur karmische Kosten berücksichtigt, wird er bereit sein, die Kosten für die Aufrechterhaltung seiner Überzeugung zu zahlen, wenn diese nicht dem gesellschaftlichen Konsens entspricht (vgl. Priddat, 2000, 136).

7.3.1.2   Die Ursache von Konsum aus buddhistischer Sicht

Die buddhistische Ideologie nutzt zwei Instrumente zur Verhaltenssteuerung ihrer Anhänger: einerseits bedient sie sich auf der Ebene der Realität (Samsara) – wo von eigennützigen Akteuren ausgegangen wird – der Änderung der relativen Preise von Handlungsoptionen durch die Einführung karmischer Kosten und Auszahlungen. Andererseits wird – um diesen Effekt zu verstärken – zusätzlich ein Handlungsideal postuliert, mit dessen Hilfe der Praktizierende zum letztendlichen Ziel (Nirwana) gelangen kann. Während die Ebene der Realität von allen Menschen geteilt wird – unabhängig von deren Weltanschauung – ist das Ideal spezifisch buddhistisch, und besitzt somit auch nur für Buddhisten Gültigkeit. Vor allem im Rahmen von Ideologievergleichen muss man diese beiden Ebenen voneinander getrennt betrachten, um nicht zu irreführenden Ergebnissen zu gelangen. Die Ökonomik macht ausschließlich Aussagen auf der Ebene der Realität, und kennt kein Ideal im religiösen Sinne. Von daher darf man, wenn man nach der Übereinstimmung von Marktwirtschaft und Buddhismus fragt, die ökonomischen Ergebnisse nicht am buddhistischen Ideal messen.

Dieses methodisch korrekte Vorgehen wird leider von einer Vielzahl buddhistischer Autoren außer Acht gelassen, weshalb sie meiner Auffassung nach zu falschen Ergebnissen kommen. Da es sich hier um weit verbreitete Vorurteile handelt, möchte ich auf diesen Punkt detaillierter eingehen. Horst Gunkel (2000, 45) beispielsweise schreibt: „...gelang es dem System der instrumentalisierten Gier, dem kapitalistisch-konsumistischen System, seine Faszination über die ganze Welt zu erstrecken. (...). Dieses System, das kapitalistisch-konsumistische System der Gier, unterstützt durch gezielte Verblendung und wohldosierten Hass, bezeichne ich der Einfachheit halber als Maraismus.".

„Mara" ist im Buddhismus die Personifizierung von allem, was einen von der Erleuchtung abhält (vgl. Seegers, 2002, 193). Gunkel setzt also das kapitalistische System hier mit „dem Bösen" gleich. Weiter schreibt er: „Und für all diese vielen und immer kurzlebigeren Produkte arbeiten wir, darüber informieren wir uns, investieren unsere Zeit, lassen unsere Gedanken darum kreisen, setzen unsere Arbeitskraft für ihren Erwerb ein und glauben, wenn wir mehr oder moderneres davon haben, sei dies Glück." Horst Gunkel versteht dies als eine generelle Kritik an dem marktwirtschaftlichen System. Genau dazu taugt Gunkels Argument jedoch meines Erachtens aus buddhistischer Perspektive gerade nicht. Denn der Buddhismus kritisiert jede Art von Anhaftung, an Konsumgüter genauso wie an Menschen, Verhaltensweisen oder Überzeugungen (vgl. Gampopa, 1996, 37). Zwischen all diesen gibt es keinen qualitativen Unterschied[110].

In der buddhistischen Philosophie entsteht dualistisches Erleben aus einer grundlegenden Fehlfunktion des gewöhnlichen Bewusstseins: Der erlebende Geist und das erlebte Objekt werden als etwas vollständig Getrenntes erfahren, obwohl sie tatsächlich voneinander abhängen, und getrennt nicht zu denken sind. Das ist mit dem dualistischen Erleben gemeint, das es zu überwinden gilt. Nach buddhistischer Auffassung führt diese Trennung zu einem dauerhaften Mangelerleben, und in Folge dazu, dass die Individuen sich bemühen, das Mangelgefühl dadurch zu überwinden, dass sie ihrem ‚Ich' möglichst viele „positive" äußere Objekte zuordnen. So kommt Payutto zu der Aussage, dass „der Buddhismus und die Wirtschaft die Ansicht teilen, dass die menschlichen Begierden ohne Grenzen sind" (Payutto, 1999, 59). Denn aus buddhistischer Sicht lässt sich das Empfinden des Mangels nur durch die Überwindung des dualistischen Erlebens, und nicht durch die Anhäufung äußerer Objekte überwinden.

In Ökonomik und Buddhismus gibt es also eine Übereinstimmung in der Annahme, dass die Menschen in der Realität ihren eigenen Nutzen erhöhen und jede Verschlechterung abwehren wollen. Beide Ideologien sind auch übereinstimmend der Meinung, dass es sich dabei um eine grundlegende, kulturunabhängige menschliche Eigenschaft handelt. Die weltweite Verbreitung der

---

[110] Aus buddhistischer Sicht ist es genauso verfehlt z. B. zu denken: „Wenn XY mich heiratet, werde ich glücklich", oder „ein Kind würde meinem Leben einen Sinn geben", wie „in diesem Outfit sehe ich bei der nächsten Party besonders cool aus" oder „eine Espressomaschine in meiner Küche beweist meinen guten Geschmack". All diese alltäglichen Aussagen sind gleichermaßen aus buddhistischer Sicht Trugschlüsse, und führen nicht zu dauerhaftem Glück.

Marktwirtschaft ist demnach darauf zurückzuführen, dass sie von einer realistischen Annahme über die Motivation von Menschen ausgeht, und demnach als Modell nützlicher ist als andere bisher bekannte. Natürlich ist es nicht falsch, wenn Gunkel den Kapitalismus das System der „instrumentalisierten Gier" nennt, aber er vergisst dabei, dass instrumentalisierte Gier gleichbedeutend mit kanalisierter Gier und damit mit Kontrolle über die Gier ist. Somit sehe ich hier keine Kritik des Buddhismus an der Marktwirtschaft, sondern eher deren Bestätigung.

Horst Gunkel hat ebenfalls in gewissem Weise recht, wenn er die Marktwirtschaft als "Maraismus" bezeichnet, in dem Sinne, dass die Marktwirtschaft nicht dazu taugt, aus Samsara, dem Kreislauf der Existenz, auszubrechen. Die Ökonomie hat allerdings auch nie den Anspruch erhoben, das tun zu wollen. Von daher ist es absurd, dem Kapitalismus etwas vorzuwerfen, das nie sein Ziel war. Vielmehr muss man Gunkel vorwerfen, die Ebenen von Realität und Ideal der buddhistischen Lehre in seiner Analyse nicht zu trennen. Die Marktwirtschaft ist damit „Maraismus" in dem Sinne, dass sie nicht zur Erleuchtung führt. Sie ist aber nicht „Maraismus" in der Hinsicht, dass sie die Wesen weiter von der Erleuchtung entfernt, als sie es ohnehin schon sind. Dass das marktwirtschaftliche Prinzip Ausdruck von Samsara ist, ist an sich aus buddhistischer Sicht nicht kritikwürdig, da die Aufgabe der Wirtschaft im Allgemeinen die Versorgung der Menschen mit knappen, materiellen Gütern auf samsarischer Ebene ist.

Ein Wirtschaftssystem wäre aus buddhistischer Sicht also dann bedenklich, wenn es die Menschen weiter von der Erleuchtung entfernt. Dazu müsste ihm ein Mechanismus immanent sein, der das beschriebene Mangelgefühl verstärkt. Das müsste nämlich der Fall sein, wenn man der Konsumgesellschaft vorwerfen wollte, dass die Menschen sich durch Konsumsucht immer weiter von Glück und Wahrheit entfernen. Genau diese Behauptung kann aus den buddhistischen Texten allerdings nicht begründet werden. Aus buddhistischer Sicht entsteht das permanente Mangelerleben, und damit das Begehren, aus einer fundamentalen Fehlfunktion des unerleuchteten Geistes. Dieses Gefühl sucht sich dann automatisch sein Objekt, und dabei spielt es keine Rolle, ob es sich um ein Konsumgut, einen Menschen, Macht und Einfluss, oder irgendetwas anderes handelt. Es drückt sich jeweils so aus, wie es gerade gesellschaftlich akzeptiert ist. So wird also auch aus buddhistischer Sicht der Fokus wieder auf den institutionellen Rahmen zurückgeworfen. So schreibt zum Beispiel Gunkel selbst (2000, 46): „Finanzielle Macht ist an die Stelle archaischer Machtrituale getreten. Nicht auf Ritterturnieren oder im Krieg wird Macht neu verteilt, sondern in Bilanzen und Gewinn- und Verlustrechnungen." Somit gelangt der Buddhismus zu der Schlussfolgerung, dass sich das Begehren - in der der Person jeweils individuell eigenen Stärke - ohnehin ausdrückt, wie, entscheidet der institutionelle Rahmen der Gesellschaft. Für den Buddhisten bedeutet dies nun, dass sein Konsum in dem Maße abnehmen wird, wie sich durch die buddhistische Praxis sein Mangelerleben verringert. Und zwar in dieser Reihenfolge, nicht umgekehrt. Das Mangelerleben gilt im Buddhismus als Ursache, der Konsum als Folge. Damit würde erzwungener Konsumverzicht nur dazu führen, dass sich das Begehren andere Objekte sucht, und den Menschen der Erleuchtung kein Stück näher bringen. Alles, was aus dieser Sicht über die Marktwirtschaft ausgesagt werden kann, ist, dass die Mehrheit der Menschen versucht, ihr Mangelgefühl über den Konsum materieller Güter zu kompensieren. In anderen Gesellschaften richtet sich das Begehren auf etwas Anderes. Es kann also nicht darum gehen, das marktwirtschaftliche System ausschließlich deshalb zu verurteilen, da es das Gefühl des Mangels als Motivation für wirtschaftliche Aktivität instrumentalisiert.

Um die Qualität eines Wirtschaftssystems zu beurteilen, muss anders vorgegangen werden. Auch hier sind Ökonomik und Buddhismus nicht weit voneinander entfernt. Als Kriterium zur Beurteilung eines Wirtschaftssystems schlagen Kasper und Streit vor zu bewerten, wie gut es ermöglicht, die „shared, underlying values" der Gesellschaft zu verwirklichen. Kaspar und Streit (1998, 71f.) zählen als fundamentale menschliche Werte die Folgenden auf: „individual freedom from fear and coercion, justice, security, peace, economic welfare (prosperity), a liveable natural and man-made environment". Der buddhistische Text "Three worlds according to King Ruang" beschreibt damit weitgehend übereinstimmend (vgl. Reynolds, 1990, 65): "peace and happiness, stability and balance, good fortune and prosperity". Die fundamentalen Werte beider Ideologien entsprechen sich also, und somit auch das Endziel weltlichen Wirtschaftens. Das bedeutet, solange sich empirisch beweist, dass das kapitalistische System in der Lage ist, diese fundamentalen Werte in einer Gesellschaft besser zu verwirklichen als jedes andere bekannte System, muss es aus buddhistischer Sicht befürwortet werden.

7.3.2 Produktion

Auch die Güterproduktion wird den gleichen buddhistischen Prämissen unterworfen: Der Buddhist als Produzent hat die Verpflichtung, dem Kunden zu nutzen, und dabei gleichzeitig anderen so wenig wie möglich zu schaden. Das beinhaltet automatisch die Verpflichtung, so schonend wie möglich mit den Ressourcen umzugehen. Obwohl man in den klassischen buddhistischen Texten keine Plädoyers für den Umweltschutz findet, ergibt sich diese Verpflichtung indirekt aus den Versprechen, die zehn negativen Handlungen zu vermeiden, und das Leben von Mensch und Tier so weit wie möglich zu schützen. Diese Forderung zieht sich durch die Texte zeitgenössischer Autoren. So schreibt beispielsweise Wagner (2000, 11): „Bei der Frage, was wir kaufen und wie wir es verwenden, welche Produkte hergestellt und auf welche Weise sie vertrieben werden, sollten wir achtsam sein hinsichtlich der Folgen all dieser Entscheidungen für andere Wesen und die natürliche Lebensumwelt.".

P. A. Payutto betont die Tatsache, dass jede Produktion immer eine materielle Umwandlung beinhaltet, dass „durch die Vernichtung eines alten Zustandes ein neuer geschaffen wird. Produktion wird immer von Vernichtung begleitet." (Payutto, 1999, 88). Er leitet daraus eine Aussage ab, die rein äußerlich völlig mit der ökonomischen Theorie übereinstimmt (ebenda): „Eine Produktion rechtfertigt sich nur dann, wenn der Wert der produzierten Ware den Wert der vernichteten Ware übertrifft." Auch die Ökonomik ist der Ansicht, dass sich die Produktion nur lohnt, wenn dabei ein Mehrwert geschaffen wird. Der Unterschied ist hier abermals, dass Payutto als Buddhist karmische Kosten berücksichtigt, die die Ökonomie nicht kennt. Da beide Theorien also von unterschiedlichen relativen Preisen ausgehen, kommen sie zu unterschiedlichen Ergebnissen, welche Produktion sich lohnt, und welche nicht. Ökonomisch betrachtet besteht hier das Problem, dass bei der Entscheidung, ob ein Gut produziert werden soll oder nicht, fiktive Kosten berücksichtigt werden, für die es keinen Markt gibt. Das bedeutet, wenn sich Produzent und Konsument nicht dahingehend einig sind, ob es karmische Kosten gibt oder nicht, kann der Preis eines Gutes nicht bestimmt werden, und damit seine Funktion als Allokationssignal nicht erfüllen. Aus buddhistischer Sicht enthält der Marktpreis in diesem Fall nicht die gesamte Information, da er eben die karmischen Kosten nicht berücksichtigt, und führt somit zur Fehlallokation. Aus ökonomischer Sicht gibt es keinen karmischen Kosten und somit auch keine daraus resultierende Fehlallokation. Es ist anzunehmen, dass ein Buddhist, wenn er eine Produktionsentscheidung zu treffen hat, sich für ein Produkt und ein Verfahren entscheiden wird, bei dem keine karmischen Kosten anfallen. Konkreter bedeutet das, er wird ein Produkt und ein Produktions- und Vertriebsverfahren wählen, bei dem er keine der unheilsamen Handlungen ausführen muss.

Allerdings kennt auch die ökonomische Theorie das Problem der Fehlallokation bei Vorhandensein von externen Effekten. Gerade die aus buddhistischer Sicht häufig kritisierte Umweltproblematik ist auch in der Wirtschaftswissenschaft Paradebeispiel für negative Externalitäten (Frey/Kirchgässner, 1994, 236): „Volkswirtschaftlich betrachtet sind dagegen Umweltschäden Folgen von Fehlallokationen, die sich wegen des Auftretens negativer externer Effekte ergeben: Ein Teil der Kosten, welche bei der Produktion und/oder beim Konsum von Gütern auftreten, werden nicht von den Produzenten und Konsumenten getragen, sondern unbeteiligten Dritten auferlegt." Das Problem an sich ist also auch der modernen Wirtschaftswissenschaft bekannt. Im Buddhismus werden nun die von den ,unbeteiligten Dritten' getragenen Kosten mithilfe der Karma-Theorie wieder zurück auf die Verursacher übertragen, und zusätzlich noch ein altruistisches Ideal eingeführt, dass den Anreiz, negative externe Effekte auszunutzen, weiter abschwächen soll. Die buddhistischen internen Institutionen wirken also dem Ausnutzen externer Effekte, sowie auch allen anderen Arten opportunistischen Verhaltens entgegen.

Die buddhistische Weltsicht geht davon aus, dass die Dinge nicht aus sich heraus existieren, sondern lediglich durch ihre Beziehungen zueinander. Aufgrund dieser These ist es für den Buddhisten unmöglich, z. B. eine Firma und ihre Interessen isoliert zu betrachten und die Interessen der Firma unabhängig von ihrer Umwelt zu sehen[111]. Die buddhistische Sichtweise führt automatisch dazu, die Beziehungen zur Umwelt und das Eingebundensein in die Gesellschaft sehr ernst zu nehmen und sich zu einem Beitrag verpflichtet zu fühlen. Auch hier kommt die schon im Zusammenhang mit ,Konsum' besprochene Forderung zum Tragen, vorhandenes Wissen in moralisches Handeln umzusetzen.

Es wurde bereits im Zusammenhang mit ,Wettbewerb' besprochen, dass der Buddhismus gegenüber Rivalität kritisch eingestellt ist, was natürlich Auswirkungen darauf hat, wie ein Unternehmen seine Beziehungen zur Konkurrenz definiert und am Markt agiert. Hier sei kurz wiederholt, dass der Produzent sich aus buddhistischer Sicht dadurch motivieren lassen sollte, den Kundennutzen steigern zu wollen, anstatt die Konkurrenz auszustechen.

---

[111] Man mag hier eine Parallele zur Systemtheorie Luhmanns sehen. Inwieweit diese Sicht vertreten werden kann, soll aber ihm Rahmen dieser Arbeit nicht untersucht werden, da es den Rahmen sprengen würde.

8 FAZIT

Kennzeichen der buddhistischen Philosophie ist die Annahme einer „doppelten Wahrheit", aus der sich die zwei Pole von Realität und Ideal ergeben. Auf der Ebene der Realität gibt es weitreichende Übereinstimmungen zwischen institutionenökonomischer und buddhistischer Sicht. Die Ebene des Ideals kommt dagegen in der Ökonomie nicht vor. Aus buddhistischer Sicht ist das Ideal die Umkehrung der Realität, sodass sich Ökonomie und Buddhismus immer weiter voneinander entfernen, je stärker das Ideal verwirklicht wird.

Auf der Ebene der Realität gehen beide Ideologien davon aus, dass die Akteure ihre Entscheidungen aufgrund von Kosten-Nutzen-Analysen treffen. Dabei folgern Institutionenökonomik und Buddhismus gleichermaßen, dass den Akteuren in komplexen Entscheidungssituationen nur unzureichende Informationen zur Verfügung stehen, sodass suboptimale Entscheidungen möglich sind. Eine weitere Parallele besteht in der Annahme, dass der Welt ein kausaler Zusammenhang zugrunde liegt. Kausalität ist die Voraussetzung für Verlaufsabhängigkeit, ein Konzept, das ebenfalls beiden Anschauungen gemeinsam ist. Beide beurteilen historische Verläufe dahingehend, ob sie zielführend sind. Da sich jedoch das Ziel in Ökonomie und Buddhismus unterscheiden, unterscheidet sich zwangsläufig auch, was als zielführend angesehen wird. Hieraus ist ersichtlich, dass es in der zugrunde liegenden Denkstruktur weitreichende Parallelen zwischen moderner Ökonomik und buddhistischer Philosophie gibt, sich die Ergebnisse aber aufgrund der unterschiedlichen Annahmen über das Ziel unterscheiden.

Der wirkliche Unterschied zwischen beiden Welterklärungsmodellen besteht hinsichtlich des Ziels. Auch wenn die Ökonomie theoretisch eine abstrakte Interpretation von ‚Nutzen' kennt, so versucht sie in der Praxis dennoch, den materiellen Nutzen zu maximieren. Daher ist das Ziel der Ökonomie gemeinhin Wirtschaftswachstum. Das Ziel des Buddhisten dagegen ist immateriell, wird aber auch als höchster Nutzen oder höchstes Glück beschrieben. Kennzeichen des buddhistischen Ziels der Erleuchtung ist es, dass es durch die Überwindung dualistischen Erlebens erreicht werden soll. Daraus wird die Notwendigkeit einer altruistischen Motivation abgeleitet, was eine abhängige Nutzenfunktion impliziert. Wo immer es Unterschiede in Handlungsempfehlungen zwischen Buddhismus und Ökonomie gibt, lassen sich diese auf die unterschiedliche Auffassung dahingehend zurückführen, ob dualistisches Erleben als gegebene Realität hingenommen wird, oder als Ursache aller Probleme gilt, und daher überwunden werden muss.

Auf der Ebene der Realität wirkt sich die Zieldifferenz weniger stark aus, da der Buddhismus materiellen Wohlstand als erstrebenswertes Zwischenziel ansieht. Es kommt also nicht zu einer generellen Abwertung des Wohlstandes im Buddhismus, und die Vermeidung von Armut ist erklärtes Ziel buddhistisch orientierter Gesellschaftspolitik. Die Einstufung des Wohlstandes als Mittel statt als Zweck macht deutlich, dass Wohlstand als Ziel im Buddhismus nicht unabhängig gesehen, sondern in das Gesamtsystem eingebunden wird. Der Buddhismus macht moralische Bewertungen an den einzelnen Handlungen und deren zugrunde liegender Motivation fest. Somit ist aus dieser Sicht die Größe des materiellen Wohlstandes nachrangig, der Fokus liegt auf der Weise, wie er erlangt und verwendet wird. Hier greifen die Handlungsbeschränkungen der zehn unheilsamen Handlungen, die opportunistisches Verhalten unterbinden sollen.

Aus dem Buddhismus heraus hat sich nie eine eigenständige Wirtschaftstheorie entwickelt. Dies ist als Vorteil der Ideologie zu sehen, da es ihr die Flexibilität verleiht, sich an veränderte Umstände anpassen zu können. Insofern ist die buddhistische Ideologie mit jedem Wirtschaftssystem kompatibel, das größtmöglichen Wohlstand und minimale Armut erzeugt, und über Institutionen verfügt, die opportunistischem Verhalten entgegenwirken. Im Vergleich zu anderen bekannten Wirtschaftssystemen erfüllt die Marktwirtschaft diese Kriterien derzeit am besten. Von daher gibt es zwischen buddhistischer Ideologie und Marktwirtschaft zwar stellenweise Differenzen, aber auf der Ebene der Realität keine Opposition.

Analysiert man die Vereinbarkeit von buddhistischer Ideologie und den Grundlagen der Marktwirtschaft, entdeckt man weitgehende Übereinstimmung in der Annahme freier und gleicher Menschen, die durch ihr Handeln ihre Umwelt gestalten. Diese Weltsicht sollte im Allgemeinen zu einer strebsamen Einstellung der Akteure führen. Aufgrund der Zieldifferenz in Buddhismus und Ökonomie unterscheidet sich allerdings die Ausrichtung des Strebens. Theoretisch lässt sich daher vermuten, dass der Buddhist seine Energie zu einem geringeren Teil in wirtschaftliche Aktivitäten einbringen wird als Akteure ohne spirituelles Ziel. Würde eine kritische Masse der Bevölkerung dieses Verhalten teilen, müsste dies zu einer Abnahme der Intensität des marktwirtschaftlichen Wettbewerbs führen, und damit zu einer Abnahme der Innovationsgeschwindigkeit. Der Buddhist empfände dies jedoch nicht als Verringerung seines Nutzenniveaus, da er seinen Nutzen weitgehend aus dem spirituellen Ziel ableitet, dem er Materielles unterordnet.

Das Vorhandensein von teilbaren, handelbaren, und durchsetzbaren Verfügungsrechten ist eine weitere Voraussetzung der Marktwirtschaft. Der Buddhismus kennt Eigentumsrechte an Sachen (und vermutlich auch an geistigem Eigentum), das weitergehende Konzept von Verfügungsrechten ist ihm jedoch unbekannt. Die Idee der Verfügungsrechte – „Verhalten von anderen einfordern" (Richter/ Furubotn, 1999, 5) zu können – steht im Widerspruch zu dem buddhistischen Ideal. Von einem Bodhisattva wird erwartet, dass er den größtmöglichen Beitrag für seine Umgebung leistet, ohne an eine Gegenleistung zu denken[112]. Dagegen impliziert das Konzept der Verfügungsrechte, im Rahmen eines Vertrages genau über Leistung und Gegenleistung zu verhandeln, wodurch entsprechendes Verhalten ‚einforderbar' wird, und nach Vertragsabschluss jede darüber hinausgehende Leistung abzulehnen. Es resultiert eine grundsätzlich unterschiedliche Einstellung der Umwelt gegenüber, die sich vielleicht mit den Schlagworten ‚contribution' versus ‚consumption'[113] charakterisieren lässt. Aus buddhistischer Sicht wird die kontributive Einstellung präferiert, und eine generelle Konsumhaltung als kritisch erachtet. Eigentumsrechte werden lediglich als Second-best-Lösung, und Konzession an die Realität gesehen, die auch aus buddhistischer Sicht durch Eigennutzstreben gekennzeichnet ist.

Zusammenfassend lässt sich sagen, dass es weitreichende Parallelen zwischen den Denkstrukturen der buddhistischen Ideologie und den institutionenökonomischen Erklärungsmodellen gibt, ein gravierender Unterschied jedoch in der Definition des anzustrebenden Ziels besteht. Hieraus leiten sich weitere Unterschiede ab. Dies gilt auch für die konkrete Handlungsebene. Ohne nochmals im Einzelnen auf die konkreten Handlungsbeschränkungen oder -empfehlungen einzugehen, lassen sich diese wie folgt zusammenfassen. Auf der Ebene der Realität greifen die zehn unheilsamen Handlungen, die es zu vermeiden gilt. Sie lassen sich zu der Maxime zusammenfassen: „Handele so, dass du anderen nicht bewusst oder grob fahrlässig schadest!" Um dieser Handlungsmaxime Nachdruck zu verleihen, werden Zuwiderhandlungen mit ‚karmischen Kosten' sanktioniert. Hierdurch soll der eigennützig motivierte Akteur von opportunistischem Verhalten abgehalten werden. Buddhismus und Ökonomie teilen die Auffassung, dass kooperatives Verhalten langfristig und gesamtgesellschaftlich höhere Erträge bringt. Die Institutionenökonomik begründet diesen Zusammenhang mit niedrigen Transaktionskosten, der Buddhismus führt stattdessen die Karma-Theorie ein. Diese beiden sehr unterschiedlichen Erklärungsmodelle führen dennoch zu einem ähnlichen Ergebnis.

Anders als die Ökonomik, die gemeinhin nur „Verhaltensbeschränkungen" kennt, stellt der Buddhismus diesen gleichzeitig Handlungsempfehlungen – das Ideal – gegenüber. Diese kristallisieren sich in den sechs befreienden Handlungen eines Bodhisattvas, und lassen sich zu folgender Maxime zusammenfassen:

---

[112] Im Sinne von Hershock (1999, 9), der dieses Konzept verdeutlicht: „Contrary to the biases of our technological lineage and legalistic activism, this is not accomplished by controlling circumstances, but through contributory appreciation; not by means of leveraging power in order to get what is wanted, but by dedicating unlimited attention-energy to realizing dramatic partnership with all things. The bodhisattva does not heal through accumulating and wielding power, but through daanapaaramita or the perfection of offering".

[113] Um Missverständnisse zu vermeiden, weise ich darauf hin, dass die Einstellung, einen Beitrag zur eigenen Umwelt und Gemeinschaft leisten zu wollen, nicht ausschließlich buddhistisch ist. In dem gemeinten Sinne forderte beispielsweise Präsident Kennedy: „Don't ask what your country can do for you, but what you can do for your country.".

„Handele so, dass du in jeder konkreten Situation, in der du dich befindest, den größtmöglichen Nutzen für andere stiftest!". Diese altruistische Handlungsempfehlung widerspricht der ökonomischen Anschauung, sie erscheint aus ökonomischer Sicht irrational. Innerhalb des buddhistischen Welterklärungssystems, dass die Überwindung dualistischer Empfindung zum Ziel hat, ist Altruismus allerdings die rationalste Handlungsoption. An dieser Stelle werden die weitreichenden Konsequenzen unterschiedlicher mentaler Modelle deutlich, sowie dass der Begriff der Rationalität größtenteils abhängig von der zugrunde liegenden Weltanschauung ist.

Für den Konsum ergibt sich aus den buddhistischen Handlungsempfehlungen, dass er mit zunehmender Verwirklichung des postulierten Ideals abnehmen wird. Vor allem der westliche Buddhismus spricht den Laien volle Erleuchtungsfähigkeit zu, vorausgesetzt, sie nutzen einen Großteil ihrer Zeit für die buddhistische Praxis. Aus ökonomischer Sicht bewirkt diese Aussage eine Änderung der relativen Preise zulasten von Arbeit und Konsum und zugunsten von Freizeit. Dieser Effekt verstärkt sich aus buddhistischer Sicht dadurch, dass als Ursache von Konsum ein inneres Mangelerleben gesehen wird, dass aus der dualistischen Wahrnehmung heraus entsteht, die es zu überwinden gilt. Nimmt dieses Mangelempfinden durch die spirituelle Praxis ab, sinkt der Wert von ‚Konsum' weiter. Auf der Ebene der Handlungsbeschränkungen gilt im Zusammenhang mit Konsum, dass der buddhistische Akteur es nicht fahrlässig übersehen darf, wenn durch seinen Konsum ein anderer mittelbar oder unmittelbar geschädigt würde. In einem solchen Fall sollte er auf den Kauf verzichten.

Hinsichtlich der Produktion greift aus buddhistischer Sicht wieder die Leitlinie, Verhalten, das andere schädigt, zu vermeiden. Hieraus folgt deckungsgleich mit westlichen Werten, keinen freien Markt für Waffen, Drogen, Gifte und Menschen (Sklaven) zuzulassen. Ein Buddhist sollte es überhaupt unterlassen, sich an einer solchen Produktion zu beteiligen. Ein wesentliches Merkmal der buddhistischen Ideologie besteht allerdings darin, dass sie Tieren das gleiche Recht auf Leben einräumt wie Menschen, wodurch für den Buddhisten der Handel mit Tieren zum Zweck der Schlachtung sowie mit Fleisch ebenfalls ausgeschlossen ist. Auf der Ebene des Ideal sollte sich die Produktion vor allem am Kundennutzen orientieren, und die Firma nicht als unabhängig von ihrer Umwelt angesehen werden.

Es wird deutlich, dass die buddhistischen Handlungsbeschränkungen den Werten westlicher demokratischer Marktwirtschaften weitgehend kompatibel sind, solange die Zahl der Buddhisten keine kritische Masse erreicht hat. Daher ist anzunehmen, dass der westliche Buddhismus eine Symbiose mit der bestehenden Ordnung eingehen wird. Dabei wird die bestehende Ordnung nicht als gegeben oder sich selbst durchsetzend erachtet, was den Institutionen eine große Bedeutung zukommen lässt. Aus buddhistischer Sicht ist es unerlässlich, Institutionen zu schaffen, die opportunistisches Verhalten verhindern und kooperatives Verhalten fördern, um dauerhaften Wohlstand zu schaffen.

Es wurde gezeigt, dass die Karma-Lehre eine äußerst effiziente Institution ist, um opportunistisches Verhalten zu unterbinden, sofern ein Akteur sie für sich als relevant anerkennt. Aufgrund der Governancestruktur der buddhistischen Ideologie als Ganze kann jedoch niemand dazu verpflichtet werden, das zu tun. Hieraus resultiert die Bildung der westlichen buddhistischen Gemeinschaft als Club derer, die glaubhaft versichern können, dass sie das buddhistische System als Ganzes anerkennen und sich durch seine Institutionen gebunden fühlen. Innerhalb der buddhistischen Gemeinschaft ist daher von deutlich niedrigeren Transaktionskosten auszugehen. Da die buddhistische Ideologie nicht über Durchsetzungsmechanismen verfügt, und somit jederzeit kostenlos abgelehnt werden kann, lässt sich eine Gruppenbildung nicht vermeiden. Im Hinblick auf die Akteure außerhalb der buddhistischen Gruppe kann diese lediglich versuchen, als vorbildlich wahrgenommen zu werden, kann dies aber nicht gezielt bewirken. Mehr als diese Vorbildfunktion kann und will der Buddhismus für die moderne Gesellschaft nicht leisten. Um der Realität Rechnung zu tragen, wird er sich mit dem institutionellen Rahmen westlicher Demokratien verbünden. Wenn diese auch nicht mit den buddhistischen Vorstellung des letztendlichen Ziels deckungsgleich sind, und als zweitbeste Lösung angesehen werden, so stehen sie nicht in direktem Widerspruch zueinander, was es dem Buddhisten guten Gewissens erlaubt, sich in die bestehende Gesellschaft zu integrieren und zu versuchen, sie durch ein „gutes Leben" ein kleines Stück in seinem Sinne zu verbessern: „Wenn wir die Entwicklung der menschlichen Gesellschaft betrachten, erkennen wir, dass Visionen nötig sind, um positive Veränderungen herbeizuführen. Ideale sind der Motor des Fortschritts. Wer das ignoriert und schlicht sagt, man müsse „realistisch" sein, der irrt sich." (Dalai Lama, 2002, 214).

9 ANHANG

9.1 Glossar

Dem Glossar liegen die Werke von Notz (1998) und Ehrhard/Fischer-Schreiber (1995) sowie eigene Erklärungen zugrunde.

Abhidharma (skt., wörtlich: besondere Lehre); der dritte Teil des buddhistischen Kanons (Tripitaka). Der Abhidharma stellt das früheste Kompendium buddhistischer Philosophie und Psychologie dar, in dem die in den Reden des Buddha und seiner Hauptschüler enthaltenen Lehren und Analysen psychischer und geistiger Phänomene systematisch angeordnet sind. Er bildet die dogmatische Grundlage von Hinayana und Mahayana und ist in der Zeit zwischen 3. vor- und dem 3. nachchristl. Jh. entstanden. Die wichtigsten Werke des Abhidharma sind das Abhidharmakośa (wörtl.: Schatzkammer des Abhidharma) von Vasubandhu für den Hinayana und das Abhidharmasamuccaya (wörtl.: Kompendium des Abhidharma) von Asanga für den Mahayana.

Achtfacher Pfad (skt.: Ashtangika-Mārga); der zur Erlösung vom Leiden führende Pfad, er ist Inhalt der Vierten Edlen Wahrheit. Seine acht Glieder sind: 1. vollkommene Erkenntnis, d. h. die Erkenntnis der vier Edlen Wahrheiten und der Unpersönlichkeit des Daseins (skt.: →anātman); 2. vollkommener Entschluss, d. h. Entschluss zu Entsagung, Wohlwollen und Nicht-Schädigung von Lebewesen; 3. Vollkommene Rede, d. h. Vermeiden von Lüge, übler Nachrede und Geschwätz; 4. Vollkommenes Handeln, d. h. Vermeiden von Handlungen, die gegen die buddhistische Ethik (skt.: →Shīla) verstoßen; 5. vollkommener Lebenserwerb, d. h. Vermeiden eines andere Wesen schädigenden Berufes wie Schlächter, Jäger, Waffenhändler, Händler mit berauschenden Mitteln usw.; vollkommene Anstrengung, d. h. Fördern von karmisch Heilsamem und Vermeiden von karmisch Unheilsamem; 7. Vollkommene Achtsamkeit, d. h. beständige Achtsamkeit auf Körper, Gefühle, Denken und Denkobjekte; 8. Vollkommene Sammlung, d. h. Praxis der Meditation von Geistesruhe (skt.: Shamata) und Einsicht (skt. Vipashyana).

Anātman, skt.: Nicht-Selbst, Nicht-Wesenhaftigkeit; eines der drei Merkmale alles Seienden. Die Anātman-Doktrin ist eine der zentralen Lehren des Buddhismus und besagt, dass kein Selbst (Ātman) im Sinne einer unvergänglichen, ewigen, einheitlichen und unabhängigen Substanz innerhalb eines individuell Seienden existiert. Im Hīnayāna bleibt diese Vorstellung auf die Persönlichkeit beschränkt; im Māhayāna wurde sie auch auf alle anderen Phänomene bezogen, die bedingt entstanden sind. Dieses Freisein von einer Eigennatur wird im Mahāyāna mit Leerheit (Shūnyatā) bezeichnet.

Anhaftung: emotionale Bindung an ein Objekt (z. B. Sache, Person, Gedanken, etc.), die bei Trennung davon Leid verursacht.

Arhat: jemand, der die höchste Verwirklichung im Theravada erreicht hat. Ruhiger Geisteszustand, in dem vollkommene Befreiung vom Leid der bedingten Existenz (skt.: →Samsara) erlangt wurde.

Ashoka: König des Maurya-Reiches im Norden des heutigen Indien, der von 272 bis 236 v. Chr. regierte und ca. 231 starb. Er ist eine der bedeutendsten Gestalten der alten ind. Geschichte. Ein blutiger Feldzug nach Osten und die verlustreiche Eroberung von Kalinga im Jahre 260 stürzten ihn in eine Krise und ließen ihn dem Buddhismus beitreten. Er wurde Laienanhänger und beschloss, eine „Regierung des Dharma" zu beginnen. Seine Herrschaft wird oft als vorbildlich für einen buddhistischen König beschrieben.

Befreiung: Befreiung vom Kreislauf der Existenz; Geisteszustand, in dem alles Leid – zusammen mit den Ursachen für Leid – vollkommen überwunden ist. Im Theravada entspricht dies der Arhatschaft, im Mahayana der ersten Bodhisattva-Stufe.

Bedingte Existenz: Synonym für →Samsara. Der Begriff bezieht sich auf darauf, dass innerhalb von Samsara nichts aus sich selbst heraus existiert, sondern immer von dem Zusammenkommen bestimmter Bedingungen und Ursachen abhängig ist.

Bewusstseinsstrom (oder Geiststrom): Die ununterbrochene Folge der einzelnen klaren und bewussten Momente des Erlebens, die die Kontinuität dieses und folgender Leben bildet. Jeder einzelne Moment wird dabei als die Ursache für den darauf folgenden betrachtet.

Bhikshu: Mönch (männlich), weibliche Form, Nonne: Bikshuni

Bodhicitta, skt.: wörtl.: Erleuchtungsgeist; das Streben oder die Erzeugung des Strebens nach Erleuchtung, einer der zentralen Gedanken des →Mahayana-Buddhismus. Er wird in zwei Aspekte unterteilt: in den relativen und den letztendlichen Erleuchtungsgeist. Der relative Erleuchtungsgeist besteht zum einen in dem Wunsch, Erleuchtung zum Wohl aller Wesen zu erlangen. Zum anderen wird dieser Wunsch durch die befreienden Handlungen (→Pāramītas), in die Praxis umgesetzt. Der letztendliche Erleuchtungsgeist ist die Erkenntnis der Untrennbarkeit von →Leerheit und →Mitgefühl.

Bodhisattva, skt.: wörtlich etwa: Erleuchtungsmutiger; im allgemeinen Sinn: ein Praktizierender des→ Māhāyāna; jemand, der den Entschluss gefasst hat, zum Nutzen aller Lebewesen die volle Erleuchtung zu erreichen. Im speziellen Sinne hat er bereits →Befreiung vom Leid und damit eine Verwirklichung auf einer der zehn →Bodhisattva-Stufen erlangt.

Bodhisattva-Stufen (skt.: Bhumi): Zehn Stufen, die den Weg eines →Bodhisattva von der →Befreiung bis zur vollen →Erleuchtung ausmachen. Dabei entspricht jede Stufe der vollen Verwirklichung der jeweils korrespondierenden befreienden Handlung (→Pāramīta).

Bodhisattva-Versprechen (skt.: Pranidhāna): Vor einem qualifizierten Lehrer abgelegtes Versprechen (Gelübde), die →Erleuchtung zum Wohl aller Lebewesen zu erlangen; Eintritt in den Weg eines →Bodhisattva. Das Bodhisattva-Versprechen ist Ausdruck des auf Erleuchtung ausgerichteten Geistes (→Bodhicitta), und wird im →Māhayāna sowohl von Mönchen als auch von Laienanhängern abgelegt.

Buddha, skt.: wörtlich: der Erwachte; das Wort hat verschiedene Bedeutungen:

1. Jemand, der die volle →Erleuchtung erreicht hat und die →Vier Edlen Wahrheiten lehrt. In diesem Zusammenhang wird davon gesprochen, dass im aktuellen Zeitalter 1000 Buddhas erscheinen werden.

2. Shākyamuni Buddha, auch Siddhārtha Gautama, der historische Buddha (ca. 563 bis 478 v.Chr.). Nach buddhistischer Aussage der vierte Buddha (im 1. Sinne) dieses Zeitalters.

3. der Māhayana kennt transzendente Buddhas ohne historischen Bezug, die verschiedene Aspekte erleuchteter Aktivität symbolisieren und als Meditationsobjekte verwendet werden.

4. als „Buddha, der erleuchtete Zustand", wird der Begriff für das Entwicklungsziel jedes Buddhisten verwendet. Er wird synonym gebraucht für das voll entfaltete Potenzial (→Buddha-Natur) des eigenen Geistes, und ist damit die letztendliche →Zuflucht für jeden Buddhisten.

Buddha-Dharma: allgemein die Lehre des historischen Buddha Shākyamuni. Als solche Synonym für „Buddhismus". vgl. →Dharma

Buddha-Natur (skt.: tathagata-garbha): Die Natur des Geistes, die Essenz oder das Potenzial der vollen Erleuchtung, das in allen Lebewesen gegenwärtig ist.

Chakravartin, skt.: "der das Rad in Bewegung setzt"; nach alter ind. Vorstellung ist der Chakravartin das Ideal eines guten u. gerechten Weltenherrschers. Er soll die Regierung an den ethischen u. religiösen Prinzipien des →Dharma ausrichten, für Frieden u. Rechtssicherheit sorgen und die Armut als die Wurzel sozialen Unfriedens bekämpfen, worin sich die auf Verminderung sozialen Leidens zielenden, politischen Grundvorstellungen des Buddhismus äußern.

Chittamātra, skt: wörtl.: nur Geist; auf Asanga und Vasubandhu zurückgehende philosophische Schule des Mahayana-Buddhismus, auch Yogāchāra (wörtl.: das Ausüben des Yoga") genannt. Dem zentralen Gedanken des Chittamātra zufolge ist alles Wahrnehmbare „nur Geist". Dem Geiststrom wird allerdings wahre Existenz zugeschrieben, die Chittamātra-Schule spricht von der absoluten Gegenwart der kleinsten Erlebensmomente.

Dāna, skt.: wörtlich so viel wie: Gabe, Almosen, Spende; das freiwillige Geben von Materiellem, Energie oder Weisheit an andere, das als eine der wichtigsten buddhistischen Tugenden angesehen wird. Im →Hinayana wird Dāna vor allem als Mittel betrachtet, Habgier und Egoismus zu überwinden und Leiden in zukünftigen Leben zu vermeiden. Im →Māhayana wird Dāna mit den Tugenden Liebe (→Maitrī) und Mitgefühlt (→Karunā) in Zusammenhang gebracht.

Dharma, skt.: wörtl. etwa: tragen, halten; wird in vielen verschiedenen Bedeutungen verwendet. In Kombination der beiden Hauptbedeutungen: Die Lehre des Buddhas darüber, wie die Dinge sind. Bedeutungen von ‚Dharma' sind u. A.: 1. die kosmische Ordnung, die unserer Welt zugrunde liegt: „wie die Dinge sind". 2. Der →Buddha-Dharma, die buddhistische Lehre. Der Buddha-Dharma gilt als vom →Buddha unabhängige, ewige Größe. Er wird von jedem Buddha immer wieder neu und selbst entdeckt und daraufhin verkündet. Zu diesem Dharma nimmt der Buddhist →Zuflucht. 3. Der Dharma der Verwirklichung beinhaltet das Training von richtigem Verhalten (→Shīla und Vinaya), Meditation und Weisheit. 4. Dharma kann auch „Phänomen" bedeuten und sowohl äußere Objekte als auch Geistesinhalte, Denkobjekte, Ideen oder die Spiegelungen der Dinge im menschlichen Geist meinen.

Erleuchtung (für skt.: Bodhi): die wörtl. Übersetzung für Bodhi wäre „Erwachen" und bezeichnet den Geisteszustand eines →Buddhas. Mit Erleuchtung ist die erlösende Erkenntnis gemeint, die alle bisherigen Anschauungen über die Welt, das Selbst, das Heilsziel, die Erlösung und die Wege dorthin als Illusion entlarvt. Die Erleuchtung , die sich nicht auf intellektueller oder auch nur kognitiver Ebene ereignet, verwandelt den Erleuchteten: die Wurzeln des Unheilsamen, Gier, Hass und Verblendung, sind vernichtet, Karma ist ausgelöscht, der Kreislauf der Existenzen (Samsara) ist beendet. Laut dem Māhayāna erlebt der Erleuchtete die Einheit von Leerheit und Erscheinung, von Absolutem und Relativem, und die Nicht-Trennung von Erleber, Erlebtem und dem Vorgang des Erlebens. Diese Erfahrung wird als höchstes, unbedingtes Glück beschrieben. Sie zu erreichen ist das Ziel jedes Buddhisten.

Gampopa (tib. sgam popa): wörtlich: Mann aus Gampo, 1079-1153, auch bekannt als Dhagpo Lhaje (Arzt von Dhagpo); eine der zentralen Persönlichkeiten der Kagyü-Tradition. Nach dem frühen Tod seiner Frau und seiner zwei Kinder wurde Gampopa im Alter von 26 Jahren Mönch und folgte den Lehren der Kadampa-Schule des indischen Meisters Atisha. Später wurde er der Hauptschüler des tibetischen Meisters Milarepa und erhielt die Übertragung der Mahamudra-Lehren. Nach dem Tod Milarepas gründete Gampopa die monastische Tradition der →Kagyüpa. In seinem wichtigsten Werk, dem „Juwelenschmuck der Befreiung" (→ Lamrim), brachte er die Lehren der Kadampa und Kagyüpa zusammen.

Hīnayāna, skt.: wörtlich: das kleine Fahrzeug; Bezeichnung einer der buddhistischen Lehrtradition. Sie wird nur aus der Perspektive des großen Fahrzeugs (→Māhayāna) als „klein" bezeichnet, da diese Schule den Schwerpunkt der Praxis auf der Befreiung des Einzelnen, und nicht aller, legt. Die Tradition selbst bezeichnet sich als →Theravada (Lehre der Ordensältesten). Historisch gesehen ist der Theravada die einzig überlebende von ehemals 18 Schulen, die dem Hīnayāna zugeordnet werden. Ein Synonym für Theravada ist „südlicher Buddhismus", da diese Tradition vor allem in südlichen Ländern Asiens (Sri Lanka, Thailand, Myanmar, Kambodscha, Laos) verbreitet ist.

Jātaka, pali: wörtlich: Geburtsgeschichten; ein Teil des →Sutra-Pitaka, der die Geschichten aus 547 früheren Leben des Buddhas erzählt. Sie sind Beispiele für die Wirkungsweise des →Karma.

Juwelen, drei: Die allgemeine →Zuflucht im Buddhismus. Sie besteht aus 1. →Buddha, dem erleuchteten Geisteszustand, 2. →Dharma, der Lehre, die einem den Weg dorthin zeigt, und 3. →Sangha, der buddhistischen Gemeinschaft, die als Freunde und Helfer auf dem Weg gesehen wird.

Kagyü (tib.: bKa' brgyud): wörtlich: „mündliche Übertragungslinie"; eine der vier Hauptschulen des →tibetischen Buddhismus. Ein Anhänger diese Schule wird als Kagyüpa (tib.: bKa' brgyud pa) bezeichnet.

Sie geht auf die indischen →Mahāsiddhas Tilopa und Naropa zurück. Marpa brachte die Lehren nach Tibet, gab sie an Milarepa weiter, der an →Gampopa und dieser unter anderem an den 1. →Karmapa Düsum Khyenpa weiter. Es entwickelten sich verschiedene Zweige der Kagyü-Schule, von denen heute noch die →Karma-Kagyü, Drikung-Kagyü und die Drugpa-Kagyü existieren.

Karma, skt.: wörtlich: Handlung, Tat. Als universelles Gesetz verstandene „Vergeltungskausalität", basierend auf dem allem zugrunde liegenden Ursache-Wirkungszusammenhang. Im Zusammenhang mit Karma findet eine Klassifizierung sämtlicher Handlungen als heilsam – d. h. der Erleuchtung förderlich – oder unheilsam – also der Erleuchtung hinderlich – statt. Nach buddhistischer Auffassung werden die Resultate der eigenen Handlungen noch im selben Leben oder einem späteren erfahren.

Karma-Kagyü (tib.: Kar ma bKa' brgyud): wörtlich: mündliche Übertragungslinie der Karmapas. Zweig der tibetischen →Kagyü-Schule, mit dem jeweiligen →Karmapa als Oberhaupt und Shamarpa als Stellvertreter. Sie wurde im 12. Jh. von Düsum Khyenpa, dem 1. →Karmapa, einem Schüler →Gampopas, ins Leben gerufen. Einen besonderen Schwerpunkt legt diese Schule auf die Praxis der Meditation, basierend auf der unmittelbaren Übertragung der Verwirklichung vom Lehrer auf den Schüler.

Karmapa, skt.-tib.: wörtlich: Herr der Buddha-Aktivität; Oberhaupt der →Karma-Kagyü-Schule des tibetischen Buddhismus. Der zweite Karmapa

Karma Pakshi war der erste bewusst wieder geborene →Lama Tibets und startete somit die in Tibet so einflussreiche →Tulku-Tradition. Nach dem Tod des letzten 16. Karmapas Rigpä Dorje (1924-1981) wurden unabhängig voneinander zwei Kandidaten von zwei maßgeblichen Würdenträgern der Kagyü-Schule – Shamarpa und Tai Situpa – als 17. Karmapa inthronisiert. Dadurch wurde vor dem Hintergrund offensichtlich politischer Intrigen eine tiefe Krise und Spaltung innerhalb der Karma-Kagyü-Schule ausgelöst. Die Bhutanesen und meisten westlichen Anhänger favorisieren den von Shamarpa installierten Trinley Thaye Dorje, während die meisten Tibeter den Kandidaten Tai Situpas, Urgyen Trinley, anerkennen.

Khenpo (tib.): in der Karma-Kagyü Schule Titel, den man nach mindestens neunjährigem philosophischem Studium erhält.

Lama, (tib.: bla ma): wörtlich: "Höherstehender" oder auch "höchste Mutter"; Titel des Lehrers im →Vajrayana tibetischer Prägung.

Lamrim (tib.: lam rim): wörtlich: „Stufen des Weges"; Bezeichnung für eine Gruppe von Lehrbüchern, die eine komplette Darstellung der einzelnen Stufen des spirituellen Weges geben. Als ältestes Lamrim Werk gilt der „Kostbare Schmuck der Befreiung" von → Gampopa.

Leerheit (skt.: Shūnyatā): Lehre, die besagt, dass nichts aus sich heraus existiert, sondern nur durch seine sich ständig ändernde Beziehung zu anderen Objekten. Daher besitzen weder äußere noch innere Phänomene ein unveränderliches Wesen. Die Leerheit kann auch als der Raum verstanden werden, innerhalb dessen die veränderlichen Phänomene erscheinen können. Leerheit ist nicht von Erscheinung zu trennen, sondern ein Aspekt von allem Seienden.

Leid: nach buddhistischer Auffassung ist weltliche Existenz immer mit Leid verbunden. Leid teilt sich in drei Gruppen: grobes Leid im Sinne von Schmerz; Leid des Wandels: wenn etwas aufgrund seiner Vergänglichkeit verloren geht, entsteht Leid; Leid der Bedingtheit: aufgrund des dualistischen Erlebens wird ein permanenter Mangel empfunden.

Madhyamaka: wörtl.: der mittlere Weg: höchste philosophische Schule im Buddhismus, die auf Nagarjuna zurückgeht. Der Name rührt von der philosophischen Ansicht her, die die Schule im Hinblick auf Existenz oder Nicht-Existenz der Dinge vertritt: beide Extreme werden logisch widerlegt.

Mahamudra (skt.): wörtl.; das große Siegel; eine der höchsten Lehren über Sichtweise und Meditationsmethoden des →Vajrayana, in Tibet besonders von der Karma-Kagyü Schule gelehrt.

Mahayana (skt.): wörtlich: großes Fahrzeug. Kennzeichen des Mahayana sind die altruistische Motivation und das Ideal des →Bodhisattvas. Aufgrund der

Motivation der Praktizierenden, von möglichst großem Nutzen für andere sein zu wollen, wird dieses Fahrzeug mit „groß" bezeichnet.

Maitreya (skt.): wörtl.: der Liebende; nach buddhistischer Vorhersage der kommende (fünfte) Buddha, und damit Nachfolger des vierten Buddha Shakyamuni.

Mantra (skt.): eine kraftgeladene Silbe oder Folge von Silben; in der spirituellen Praxis der Reinigung von Körper, Rede und Geist ist das Mantra der Reinigung der Rede zugeordnet.

Mantrayana → siehe Vajrayana

Mara (skt.), wörtl.: Mörder, Zerstörer; Mara symbolisiert im Buddhismus die Hindernisse auf dem Weg zur Erleuchtung.

Nirwana (skt.), wörtl.: Verlöschen; Ziel der spirituellen Praxis in allen buddhistischen Richtungen. Nirwana gilt als Gegensatz zu →Samsara, und existiert nur aus samsarischer Perspektive. Die beiden Pole sind Ausdruck des buddhistischen Gedankens der „doppelten Wahrheit": Die relative Wahrheit ist die Realität des alltäglichen Lebens (Samsara). Aus ihrer Sicht gelten konventionelle Begriffe und sind Erscheinungen real; sie ist charakterisiert durch Dualität. Nirwana dagegen ist die Aufhebung aller Gegensätzlichkeiten, die Überwindung der Dualität. Erfahren wird Nirwana als höchstes Glück.

Pāramitā (skt.) wörtl.: „das, was das andere Ufer erreicht hat", das Transzendente, auch übersetzt als befreiende Handlungen. Die Paramitas sind Tugenden, die der →Bodhisattva während seiner Laufbahn vervollkommnen muss, um zur vollkommenen Erleuchtung zu gelangen.

Pratyeka-Buddha (skt.): wörtlich: einsam Erwachter, i. d. R. übersetzt als Alleinverwirklicher; wird als jemand angesehen, der die Befreiung vom Leid für sich alleine und aus sich heraus erreicht hat. Er steht unter den vollkommen erleuchteten Buddhas.

Rinpoche (tib:): wörtlich: der Kostbare; tibetischer Ehrentitel für besonders verdiente Meditationsmeister und Gelehrte.

Samādhi (skt.): wörtl.: Fixieren, Festmachen; Geisteszustand während der Meditation. Samadhi ist ein nicht-dualistischer Bewusstseinszustand, in dem der Erleber und das Erlebte verschmelzen, sodass nur noch der Zustand des Erlebens erfahren wird.

Samsāra (skt.): wörtl.: Wanderung; der ‚Kreislauf der Existenzen' wird vor dem Hintergrund der buddhistischen Lehre des Nicht-Selbst (→anatman) handelt es sich hierbei um einen unpersönlichen Gestaltungsprozess. Dabei bewirkt die Kraft der vollbrachten Handlungen, dass sich ständig neue Erscheinungen formen, während die Qualität der Handlungen bestimmt, welche sich formen (→Karma). Grundlage hierfür ist die aus buddhistischer Sicht falsch Anschauung, die von einem ‚Ich' ausgeht, das von seiner Umwelt getrennt ist, und das somit eigennützig handelt. Aus all diesem ergibt sich das Erleben einer Welt, die auf kausalen Zusammenhängen beruht, und von Dualität gekennzeichnet ist.

Sangha (skt.): wörtl.: Schar: die buddhistische Gemeinschaft. Im engeren Sinne ist damit die Gemeinschaft der Mönche und Nonnen gemeint, im weiteren – und vor allem westlich buddhistischen Sinne – schließt Sangha auch die Laienanhänger mit ein.

Shila (skt.): Verpflichtungen, Gebote; bezeichnet die ethischen Richtlinien, die im Buddhismus das Verhalten von Mönchen, Nonnen und Laien bestimmen, und die die Voraussetzung für den Fortschritt auf dem buddhistischen Weg bilden.

Shrāvaka (skt.): wörtl.: Hörer; ursprüngliche Bezeichnung für die persönlichen Schüler des Buddha, später auch gleichbedeutend mit Praktizierenden des →Hinayana verwendet.

Störgefühle (skt.: Klesha): auch ‚leidbringende Geisteszustände' genannt. Als ursächliche Störgefühle gelten entweder drei: Begierde, Zorn, Unwissenheit, oder sechs: Anhaftung, Abneigung, Unwissenheit, Stolz, Geiz, und Neid. Die Störgefühle führen zu unheilsamen Handlungen und bilden damit die Ursache für Leid.

Sūtra (skt.): wörtl.: Leitfaden; allgemein Lehrrede des Buddha; Sutras sind zusammenhängende Abhandlungen und Darlegungen der buddhistischen Lehre, die sich an den Intellekt wenden, im Gegensatz zum →Tantra.

Tantra (skt.): wörtl.: Gewebe oder Kontinuum; Der Begriff weist auf die Komplexität hin im Vergleich zum Leitfaden des →Sutra. Die Tantra-Texte beschreiben schnell wirkende Meditationsmethoden, die im →Vajrayana genutzt werden. Sie arbeiten mit Identifikation und richten sich auf die Frucht, auf die Qualitäten der Erleuchtung aus.

Theravada (Pali): wörtl.: Lehre der Ordensältesten; letzte noch lebende Schule der →Hinayana Tradition. Der Theravada steht für eine konservative Auslegung der buddhistischen Lehre, und ist in südasiatischen Ländern (Sri Lanka, Myanmar, Thailand, Kambodscha, Laos) verbreitet. Ziel der Praktizierenden ist es, den Zustand eines →Arhat zu erreichen.

Tibetischer Buddhismus: eine Form des →Vajrayana-Buddhismus. Der t. B. wurde um 750 n.Chr. vom indischen Meister Padmasambhava begründet, und gliedert sich heute in vier Schulen: Nyingma, →Kagyü, Sakya und Gelug.

Upāsaka (skt., wörtl.: Dabeisitzender); buddhistischer Laienanhänger

Vajrayana (skt.) wörtl.: Diamantfahrzeug; 3. große Schulrichtung des indischen Buddhismus, der nach dem Untergang dort in Tibet überlebte. Ein Synonym für V. ist Mantrayana. Der V. basiert auf der Mahayana-Philosophie, bedient sich aber tantrischer Methoden. Dadurch, dass der V. methodisch mit Identifikation arbeitet, erhält das Lehrer-Schüler-Verhältnis eine besondere Bedeutung.

Verdienst (skt.: Punya): karmisches Verdienst, das durch heilsame oder befreiende Handlungen (→Paramita) erworben wird, und das zum Erleben von Glück in der Zukunft führt.

Vinaya (skt.): wörtl.: Disziplin; Verhaltensregeln für Mönche und Nonnen, die in der Schriftensammlung Vinaya-Pitaka (Korb der Disziplin) zusammengefasst sind.

Zuflucht (skt. Trisharana, tib. skabs ´gro): Z. meint Schutz vor Leid, und damit die Ausrichtung des persönlichen Strebens auf das Ziel der Erleuchtung, was gleichbedeutend mit der Überwindung von Leid ist. Somit hat die Zufluchtnahme bekenntnishaften Charakter und ist Bestandteil der täglichen Praxis. Alle Buddhisten nehmen Zuflucht zu →Buddha als Lehrer und Ziel, der Lehre (→Dharma) als Weg zum Ziel, und der Gemeinschaft (→Sangha) als Unterstützung auf dem Weg. Praktizierende des →Vajrayana nehmen darüber hinaus Zuflucht zum persönlichen Lehrer (→Lama).

9.2 Hintergrundwissen zur buddhistischen Philosophie

9.2.1 Unterteilung des Buddhismus in ‚Wege'

Die Unterteilung der buddhistischen Schulen untereinander und ihr Verhältnis zueinander ist nicht unumstritten und unterscheidet sich je nachdem, aus wessen Sicht man den Buddhismus betrachtet. Demnach lässt sich das Gebäude buddhistischer Lehren und Praktiken entweder in drei Wege oder vier philosophische Schulen einteilen.

Auch die Einteilung in drei Wege ist nicht eindeutig. Eingeteilt nach den philosophischen Sichtweisen bestehen die drei Wege aus

1. dem Fahrzeug der Hörer (Shravakas),

2. dem der Alleinverwirklicher (Pratyekabuddhas) und

3. dem der Bodhisattvas. Das Bodhisattvafahrzeug lässt sich in dieser Einteilung weiter in das Sutra- und das Mantrafahrzeug gliedern (vgl. Dalai Lama, 1999, 18).

Macht man hingegen die Unterschiede der Schulen an den verwendeten Meditationsmethoden fest, so gelangt man zu folgender Einteilung:

1. Hinayana: kleiner Weg, bestehend aus dem Fahrzeug der Hörer und der Alleinverwirklicher

2. Mahayana: großer Weg, bestehend aus dem Sutrafahrzeug der Bodhisattvas

3. Vajrayana: Diamantweg, bestehend aus dem geheimen Mantrafahrzeug (vgl. Seegers, 2002, 188)

Der Hinayana unterteilte sich ursprünglich in 18 Unterschulen, von denen einzig die Theravada-Schule (Schule der Älteren) überlebt hat. Daher werden die Begriffe Theravada und Hinayana heute synonym verwendet.

Mit den drei Wegen verhält es sich etwa wie mit einem dreistöckigen Haus, bei dem die jeweils höheren Stockwerke die darunter liegenden als authentische, legitime und notwendige Basis des Gebäudes anerkennen. Umgekehrt ist das nicht immer der Fall, seit der offiziellen Trennung von Hinayana und Mahayana auf dem Konzil von Pataliputra 343 v. Chr. (vgl. Grätzel/Kreiner, 1999, 273), muss sich der Mahayana immer wieder argumentativ gegen den Vorwurf verteidigen, kein authentischer Buddhismus zu sein (vgl. Asanga, 1992, Kap. 1). Das gilt bis in die heutige Zeit, und verhält sich für den Vajrayana ebenso. So schreibt z. B. der 14. Dalai Lama (1999, 226): „Wie Sie den Vorträgen entnehmen konnten, handelt es sich beim tibetischen Buddhismus in Wirklichkeit um eine vollständige Form der buddhistischen Lehre. Wir schulen uns ebenso in den

Lehren des Fahrzeugs der Hörer [Hinayana] wie in den beiden Formen des Großen Fahrzeugs [Mahayana], dem Vollkommenheits-Fahrzeug [Sutrayana] und
dem Mantra-Fahrzeug [Vajrayana], dabei umfasst das Letztere alle Tantra-
Klassen einschließlich des höchsten Yoga-Tantra. Der tibetische Buddhismus ist
also in Wirklichkeit kein Halb-Buddhismus, sondern tatsächlich eine vollständige Form des Buddhismus."

Wichtiger als die interne Diskussion der buddhistischen Schulen untereinander
ist natürlich, worin sie sich inhaltlich unterscheiden. Im Gegensatz zur Einteilung des Buddhismus in philosophische Schulen, die man anhand der erkenntnistheoretischen Positionen vornimmt, beinhaltet die Einteilung in drei Wege
nicht nur die philosophische Seite des Buddhismus, sondern auch die konkrete
Praxis. Die Praxis lässt sich wiederum in drei Aspekte unterteilen: sie beginnt
mit dem Erwerb von Wissen, das Wissen soll in der Meditation zu Erfahrung
werden, und die Erfahrung soll im Alltag umgesetzt werden und nicht mehr verloren gehen, d. h. abgesichert werden. Die drei Wege unterscheiden sich hinsichtlich dieser drei Aspekte voneinander. Ole Nydahl unterteilt sie wie folgt
(Nydahl, 1994, 54):

	Wissen	Meditation	Absichern
Vajrayana	Buddha als Spiegel des eigenen Geistes	Identifikation mit der Erleuchtung	Halten der reinen Sicht (höchste Wahrheit = höchste Freude)
Mahayana	Mitgefühl und Weisheit	Leerheit erfahren, Mitgefühl stärken	Zorn vermeiden
Hinayana	Ursache und Wir-kung (Karma)	Geist beruhigen, Abstand schaffen	Leidbringendes Verhal-ten vermeiden, Gelübde

Noch allgemeiner lässt sich sagen, dass im Hinayana klare Regeln für äußeres
Verhalten vorgegeben werden. Daher finden sich auch die meisten Texte, die
sich konkret zu wirtschaftlichem Verhalten äußern, auf dieser Ebene. Der Mahayana befindet sich auf einer höheren Abstraktionsebene, hier gibt es ausführliche Belehrungen über die richtige Motivation zum Handeln (allen Wesen nach
bestem Wissen und Können nutzen zu wollen). Aus der richtigen Motivation
ergibt sich dann das richtige Verhalten von selbst. Der Vajrayana befindet sich
nochmals eine Abstraktionsebene höher. Hier wird davon ausgegangen, dass
sich aus der richtigen Sichtweise der Welt und der Mitmenschen automatisch die
richtige Motivation und daraus wiederum das richtige Handeln ergibt. Die richtige Sicht besteht nach dieser Auffassung darin, alle Wesen als potenzielle
Buddhas und die äußere Welt als reichhaltigen Ausdruck des Geistes zu sehen.

9.2.2 Einteilung in philosophische Schulen

Wie oben erwähnt, ist die Einteilung des Buddhismus in philosophische Schulen
weniger umfassend als die in drei Wege, da die buddhistische Philosophie zwar

ein grundlegender, aber doch nur ein Bestandteil des gesamten Buddhismus ist, sie dient als Mittel, und nicht als letztendlicher Zweck.

In der buddhistischen Philosophie wird das buddhistische Weltbild erörtert und in Diskussion mit anderen zur damaligen Zeit in Indien vorherrschenden Lehrmeinungen sowie den anderen buddhistischen Schulen logisch verteidigt. Anhand dieser Diskussionen ist es dem Praktizierenden auch heute noch möglich, sich ein sehr präzises Bild vom buddhistischen Weltbild zu erarbeiten und seine Zweifel bezüglich Weg und Ziel des Buddhismus mithilfe der Logik auszuräumen. Aus diesem Prozess ergibt sich dann, was im Buddhismus unter „Vertrauen" verstanden wird. Nicht blindes Vertrauen oder Glaube, sondern ein Vertrauen, das Resultat des Ausräumens jeglicher Zweifel durch logische Prüfung ist.[114] Somit bildet die buddhistische Philosophie das unerlässliche Mittel, um Vertrauen zu generieren. Vertrauen ist Grundlage jeder buddhistischen Praxis. Letztere ist dabei wirklich Entscheidende, denn nur die buddhistische Praxis führt zum Ziel, zur Erleuchtung.

Die Unterteilung in die vier philosophischen Schulen wird hauptsächlich hinsichtlich ihrer erkenntnistheoretischen Positionen vorgenommen. Sehr kurz gefasst lassen sie sich wie folgt beschreiben (vgl. Grätzel/Kreiner, 1999, 240f.; oder ausführlicher: Frauwallner, 1969):

1. Die **Sarvastivadins** [auch Vaibhaśika] sehen die Außenwelt als wirklich und in der Wahrnehmung direkt gegeben an.

2. Die **Sautrantikas** vertreten die Auffassung, dass die Außenwelt der Wahrnehmung eben nicht direkt gegeben, sondern ihre Existenz durch die Sinne erschlossen werden muss.

3. Die **Yogacaras** [auch Cittamatra] sehen nur ein Bewusstsein mit Gewissheit gegeben und meinen, dass nur dem erlebenden Geist wahre Realität zukommt.

4. Für die **Madhyamikas** ist weder der erlebende Geist noch die erlebte Welt wahrhaft existent, da alles in Abhängigkeit entsteht und vergeht und daher kein „Wesen" aus sich selbst heraus besitzt, und somit eigentliche „Leerheit" darstellt.

Von den vier philosophischen Schulen werden die ersten beiden – Vaibhaśika und Sautrantikas – dem Hinayana zugeordnet, die beiden letzteren – Cittamatra und Madhyamaka – dem Mahayana. Der Vajrayana orientiert sich ausschließlich

---

[114] Unter den letzten Worten Buddhas findet sich folgender Satz: „Wie man Gold durch Brennen, Schneiden und Reiben [auf seine Reinheit untersucht], so sollen die Mönche und Weisen mein Wort aufgrund sorgfältiger Untersuchung annehmen, und nicht, um mir Ehre zu erweisen." (Dalai Lama, 2000, 22).

an der Sichtweise des Madhyamaka[115]. Eine weitere Erklärung und Diskussion dieser Begriffe würde an dieser Stelle zu weit führen. Den fachkundigen Leser wird interessieren, dass dieser Arbeit die Sicht der Karma Kagyü Schule zugrunde liegt. Das bedeutet nicht, dass ich nur Texte dieser Schule verwende, sondern dass ich die Texte anderer Traditionen, z. B. Theravada-Texte, aus der Sicht der Karma Kagyü Schule interpretiere.

9.2.3 Zum Wesen buddhistischer Ethik

Die Mehrheit der Autoren[116] religionswissenschaftlicher Fachrichtungen stimmen der Einklassifizierung buddhistischer Ethik unter dem Stichwort „virtue ethics" zu. Dreyfus (1995, 7) schreibt hierzu: „Moreover, like Hellenistic philosophies, Buddhist views emphasize the importance of certain virtues, detachment and compassion, which are both therapeutic and constitutive of the good. Buddhism is practical in the highest degree, holding that the value of philosophy is not theoretical but lies in its ability to transform humans." Er sieht das Hauptmerkmal buddhistischer Ethik darin, dass es ihr weniger um Regeln, Recht und Wahlhandlungen geht, sondern darum, "das gute Leben" zu verwirklichen. Dies steht im Gegensatz zur westlich wissenschaftlichen Sicht: „Even if meditation is not seen as alien, it is still viewed as non-rational or irrational, and as a practice separate from normal activities." (Dreyfus, 1995, 2), und weiter: "in a condition of totally responsible freedom, I objectively estimate the features of the goods, and I choose" (Dreyfus, 1995, 4). Geht man dagegen von einer "virtue ethics" aus, bei der es von vornherein darum geht, Rationalität und Emotionalität im Rahmen des "guten Lebens" miteinander in Einklang zu bringen, stellt sich ein anderes Bild dar. Ole Nydahl (1998, 216) drückt es mit einem Satz aus: „Bis man ein Buddha geworden ist, sollte man sich wie einer verhalten". Die buddhistische Ethik ist also mehr als eine helfende Richtlinie, um bessere Entscheidungen zu treffen, es geht darum, ethische Handlungen um ihrer selbst willen auszuführen, um die ethischen Qualitäten eines Buddhas zu verwirklichen, und so selbst das angestrebte Ziel - ein Buddha - zu werden. „Virtuous actions are chosen for their own sake, not for their instrumental values" sagt Dreyfus (1995, 12). Für unsere Diskussion bedeutet das, dass der Anspruch der buddhistischen Ethik ein allumfassender ist. Die buddhistische Ethik, die ich hier anhand der heilsamen und unheilsamen Handlungen, sowie der befreienden Handlungen darstelle, besteht nicht aus bloßen Regeln, sie ist eine Praxis. Je umfassender sie jede Handlung durchdringt, desto besser wird sie praktiziert.

---

[115] Davon verwendet der tibetische Buddhismus die Sichtweise der Untergruppe des Prasangika Madhyamaka oder „Konsequenz-Schule" (Dalai Lama, 1999, 266), die Karma Kagyü Schule vertritt dabei die Shentong Interpretation (vgl. Hookham, 1991).

[116] Explizit sowohl bei Keown, Dreyfus, als auch Whitehill, dem Sinn nach bei z. B. Hershock, Nydahl und dem Dalai Lama.

9.3 Zitierte Quellen

9.3.1 Mahamudra-Wünsche des 3. Karmapa Rangjung Dorje

Der 3. Karmapa Rangjung Dorje lebte von 1284 bis 1339. Der Text wurde aus dem Tibetischen vom Karmapa International Buddhist Institute, New Delhi, unter der Leitung von Hannah Nydahl übersetzt.

1. Namo Guru
Lamas und Buddhas der Yidam-Kraftkreise,
Buddhas und Bodhisattvas der zehn Richtungen und drei Zeiten,
denkt liebevoll an uns und gebt Euren Segen,
damit sich unsere Wünsche so erfüllen, wie wir sie machen!

2. Entsprungen vom Schneeberg des vollkommen reinen Denkens und Handelns, möge das vom Schlamm der drei Vorstellungen freie Schmelzwasser aller nützlichen Taten meiner selbst und der zahllosen Wesen
in das Meer der vier Buddhazustände münden!

3. Mögen wir, solange dies nicht erreicht ist,
in diesem und in allen zukünftigen Leben
nicht einmal die Worte „schlecht" und „Leid" hören,
sondern strahlende Meere von Freude und Güte erleben.

4. Da wir hervorragende Freiheiten und Möglichkeiten erlangt haben,
sowie Vertrauen, Fleiß und Wissen,
nachdem wir uns auf einen geistigen Lehrer gestützt
und seine wichtigsten Belehrungen erhalten haben,
mögen wir diese ohne Hindernisse entsprechend verwirklichen
und in allen Lebenszeiten die edle Lehre verwenden!

5. Das Kennenlernen der Lehren Buddhas und ihrer logischen Schlüsse
befreit vom Schleier des Nicht-Verstehens;
das Nachdenken über die Kernpunkte besiegt die Dunkelheit der Zweifel;
durch das aus der Meditation erstrahlende Licht
wird das Wesen der Dinge offenbar, so, wie es ist.
Möge sich das Erscheinen dieser Arten von Weisheit ausbreiten!

6. Das Wesen der Grundlage ist die zweifache Wirklichkeit,
frei von den begrenzten Vorstellungen von Dauerhaftigkeit und Nicht-Sein.
Der hervorragende Weg besteht im zweifachen Ansammeln,
frei von den begrenzten Gewohnheiten des Zuschreibens und Verneinens;

dadurch wird die Frucht des zweifachen Nutzens erlangt,
frei von bloßer Ruhe und Verwirrung.
Mögen wir dieser fehlerfreien Lehre begegnen!

7. Die Grundlage der Reinigung ist der Geist selbst, seine Einheit von Klarheit
und Leerheit;
das Mittel der Reinigung ist das Mahamudra, die große Diamantübung;
das zu Reinigende sind die an der Oberfläche liegenden Schleier der falschen
Sicht.
Mögen wir die Frucht der Reinigung, den vollkommen reinen Wahrheitszustand,
erlangen!

8. Sicherheit in der Anschauung wird erlangt durch das Abschneiden der Zweifel bezüglich der Grundlage;
Kernpunkt der Meditation ist es, diese Anschauung unzerstreut aufrechtzuerhal-
ten;
Hervorragendes Verhalten besteht darin, die Erfahrung der Meditation
in allem geschickt zu üben.
Mögen wir Sicherheit in Anschauung, Meditation und Verhalten haben!

9. Alle Dinge sind Trugbilder des Geistes;
der Geist ist nicht als „ein" Geist vorhanden, er ist seinem Wesen nach leer;
obwohl leer, erscheint gleichzeitig alles ungehindert.
Mögen wir durch genaues Untersuchen sein eigentliches Wesen erkennen!

10. Der Eigenausdruck, den es als solchen nicht gibt, wird als etwas Dingliches
missverstanden;
aufgrund von Unwissenheit wird Eigenbewusstheit als ein Ich verkannt;
das Festhalten an dieser Zweiheit bewirkt das Umherirren in der Weite der bedingten Welt.
Mögen wir die Wurzel der Täuschung, die Unwissenheit, ausreißen!

11. Er ist nicht vorhanden, denn sogar die Buddhas sehen ihn nicht;
er ist nicht vorhanden, denn er ist die Grundlage von allem,
von Verwirrung wie von Einsicht.
Dies ist kein Widerspruch – es ist der Mittlere Weg der Einheit.
Mögen wir die Wirklichkeit des Geistes, die frei von Begrenzungen ist, erkennen!

12. Man kann ihn nicht aufzeigen, indem man sagt „dies ist er";
man kann ihn nicht verneinen, indem man sagt „dies ist er nicht";
Die Wirklichkeit, jenseits des Verstandes, ist nicht zusammengesetzt.
Mögen wir die Gewissheit der letztendlichen Bedeutung erlangen!

13. Erkennt man das Wesen des Geistes nicht, treibt man im Meer der Verwirrung umher;
erkennt man es, ist Buddhaschaft nicht woanders;
dann gibt es kein „er ist dies, er ist nicht das" mehr.
Mögen wir die Natur der Wirklichkeit, die Grundlage von allem, erkennen.

14. Erscheinung ist der Geist, und so ist Leerheit;
Erkenntnis ist der Geist, und Verblendung ebenfalls;
Entstehen ist der Geist, und Auflösen auch.
Mögen wir jedes Zuschreiben und Verneinen in Bezug auf den Geist durchschneiden!

15. Unverschmutzt von angestrengter Meditation, die sich in geistigem Erschaffen müht,
und nicht umhergetrieben vom Wind allgemeiner Geschäftigkeit,
mögen wir verstehen, wie man den Geist in seiner Ungekünsteltheit belässt,
und im Erleben des Geistes geschickt und ausdauernd sein!

16. Die Wellen der feinen und groben Gedanken kommen in sich selbst zur Ruhe,
und der Strom des unerschütterlichen Geistes ruht in seinem Wesen.
Mögen wir im stillen Meer der Geistesruhe,
frei vom verunreinigenden Schlamm der Dumpfheit, gefestigt sein.

17. Blicken wir immer wieder auf den nicht sichtbaren Geist,
sehen wir sein nicht sichtbares Wesen – vollkommen und genau so, wie es ist;
dies durchschneidet Zweifel über Sein und Nicht-Sein des Geistes.
Mögen wir – frei von aller Verwirrung – unser eigenes Wesen erkennen!

18. Blickt man auf die Dinge, sind keine Dinge da, man sieht auf den Geist;
blickt man auf den Geist, ist kein Geist da: er ist seinem Wesen nach leer;
durch das Betrachten beider löst sich das Festhalten an Zweiheit in sich selbst auf.
Mögen wir die Natur des Geistes, das klare Licht, erkennen!

19. Frei von einengenden Vorstellungen zu sein ist das Mahamudra;
frei von Begrenzungen zu sein ist der Große Mittlere Weg;
alles einschließend, wird es auch Große Vervollkommnung genannt.
Mögen wir die Gewissheit erlangen, dass mit der Erkenntnis von einem alle verwirklicht sind!

20. Unaufhörliche Große Freude, frei von Anhaftung;

unverschleiertes Klares Licht, frei vom Festhalten an Merkmalen;
selbstentstandene Begriffslosigkeit, jenseits von Vorstellungen.
Mögen wir diese Erfahrungen mühelos und ununterbrochen machen!

21. Anhaftung an Angenehmem, das Festhalten an guten Erfahrungen,
befreit sich in sich selbst,
und das Blendwerk schädlicher Gedanken reinigt sich in der Weite des Geistes;
das Gewöhnliche Bewusstsein ist frei von Aufgeben und Annehmen,
frei von Vermeiden und Erlangen.
Mögen wir die Wahrheit dieser Wirklichkeit,
das Freisein von einengenden Vorstellungen, erkennen.

22. Die Natur der Wesen ist immer die eines Buddha,
doch sie erkennen dies nicht und irren daher im endlosen Kreislauf umher.
Möge das Leid aller Wesen
Überwältigendes Mitgefühl in unserem Geist erwecken.

23. Das überwältigende Mitgefühl erscheint ungehindert,
gleichzeitig zeigt sich nackt sein leeres Wesen.
Mögen wir den hervorragenden Weg der fehlerlosen Vereinigung
von Leerheit und Mitgefühl
ohne Unterlass Tag und Nacht üben.

24. Mögen wir durch die aus der Kraft der Meditation
entstandenen übersinnlichen Fähigkeiten und Hellsicht
die Wesen zur Reife führen, die Welt zum Reinen Land der Buddhas machen,
und die Eigenschaften der Buddhas erlangen.
Mögen wir nach Verwirklichung dieser drei – Vollendung, Reife und Reinigung
– Buddhaschaft verwirklichen!

25. Mögen sich diese reinen Wünsche von uns selbst und allen Wesen
durch die Kraft des Mitgefühls der Buddhas und Bodhisattvas der zehn Richtungen
sowie alles Guten und Nützlichen, wie viel es auch sein mag,
genau so erfüllen, wie wir sie gemacht haben!

9.3.2 Das Aggañña Suttānta

Im Folgenden zitiere ich einen Ausschnitt aus dem Aggañña Suttānta in der Ü-
bersetzung von Konrad Meisig (1998). Meisig übersetzt und vergleicht vier unterschiedliche Versionen des Sutras. Inhaltlich unterscheiden sie sich kaum, aber
je nach Abschnitt ist mal die eine, mal die andere Version deutlicher und klarer.
Da es mir hier vor allem wichtig ist, auch dem nicht-buddhistischen Leser einen
klaren Eindruck des Inhaltes zu vermitteln, und es sich bei allen vier Quellen um
subjektiv beeinflusste Übertragungen handelt, habe ich die Textpassagen je nach
ihrer Prägnanz und Klarheit ausgewählt und im Anschluss je nach Ursprung
markiert. Dabei steht DA für die Fassung des chinesischen Dirghagama, MA für
die Fassung des chinesischen Madhyamagma, und E für einen chinesichen Ein-
zeltext unklarer Herkunft. Die zitierte Entstehungsgeschichte ist der mittlere Teil
des vollständigen Sutras, nach dem wissenschaftlichen Stand wurde sie wahrscheinlich später eingefügt (Meisig, 1998, 7). Der erste Teil des Sutras behandelt
die Gleichheit aller Menschen und die Bedeutungslosigkeit der Kasten. Der
zweite Teil des Sutras ist die hier besprochene Kosmogonie. Im dritten Teil wird
erläutert, dass das Karma-Gesetz für alle Menschen gleichermaßen gilt, unabhängig von ihrer Abstammung etc. Ich beschränke mich hier auf das Zitat des
Entstehungsmythos, da nur dieser im Zusammenhang mit der obigen Besprechung relevant ist:

(...)

Zu dieser Zeit lehrte der Erhabene die Mönche: Vasistha! Es gibt eine Zeit, da
diese Welt völlig zugrunde geht. Wenn diese Welt zugrunde geht, werden die
Wesen, sofern es dann welche gibt, im „Himmel des Glanzes" geboren. (MA)

Sie sind dort von wunderbarer Gestalt, denkengeboren, mit allen Gliedern und
Sinnesorganen versehen, haben Freude als Speise, sie leuchten von selbst, sie
steigen auf in den leeren Luftraum, sie sind von reiner Schönheit, und sie bleiben für eine lange Zeit. (MA)

Vasistha! Es gibt eine Zeit, da diese große Erde ihr Inneres mit Wasser füllt. Die
Oberfläche jenes [dadurch entstehenden] Ozeans gerinnt durch das Blasen eines
Windes und wird zu einer Essenz, sie schließt sich und häuft sich an, sie fügt
sich harmonisch zusammen. Gerade so, wie Rahm dadurch, dass man Milch
längere Zeit schlägt, gerinnt und zu einer Essenz wird, sich schließt, anhäuft und
harmonisch zusammenfügt, ebenso, Vasistha, gibt es eine Zeit da diese große
Erde ihr Inneres mit Wasser füllt und die Oberfläche jenes Ozeans durch das
Blasen eines Windes gerinnt und zu einer Essenz wird, sich schließt, anhäuft
und harmonisch zusammenfügt. (MA)

Aus dieser Essenz entsteht ein „Erdsaft". Er hat ein [schönes] Aussehen, Duft und [Wohl-]Geschmack. Wie sieht er aus? Wie frisch entstandene Butter oder auch wie zerlassene Butter aussieht. Wie schmeckt er? Wie Honigwaben schmecken.

Es gibt eine Zeit, da diese Welt sich wieder entfaltet. Wenn diese Erde sich wieder entfaltet, werden die Wesen, sofern es dann welche gibt, die im Himmel des Lichts geboren worden waren, weil sich ihre Lebensspanne, ihr Karma und ihr Verdienst erschöpft haben, nach dem Ende ihres Lebens hier im Diesseits wieder geboren und werden zu Menschen. [Auch] nachdem sie hier im Diesseits geboren worden sind, sind sie [zunächst noch] von wunderbarer Gestalt, denkengeboren, mit allen Gliedern und Sinnesorganen versehen, haben Freude als Speise, sie leuchten von selbst, steigen auf in den leeren Luftraum, sind von reiner Schönheit, und sie bleiben [hier im Diesseits] für eine lange Zeit. (MA)

Vasistha! Zu dieser Zeit gibt es in der Welt keine Sonne und keinen Mond. Auch gibt es keine Sterne und keine Tierkreisstationen. Es gibt keinen Tag und keine Nacht, keine Monate und Halbmonate, keine Jahreszeiten und keine Jahre. Vasistha! Zu dieser Zeit gibt es weder Vater noch Mutter, weder Mann noch Frau, außerdem gibt es keine Großfamilien, keine Sklaven und keine Sklavinnen. Es gibt nur gleichrangige Wesen. (MA)

Darauf denk sich dann ein Wesen, das gierig, gefräßig und unmäßig ist, Folgendes: „Was ist das für ein Erdsaft? Wie wäre es, wenn ich von diesem Erdsaft nähme und kostete?" Dann nimmt das Wesen mit dem Finger von dem Erdsaft und kostet ihn. Wenn das Wesen so den Erdsaft kennen gelernt hat, will es mehr davon zu essen bekommen.

Da denkt sich das Wesen des Weiteren: „Warum esse ich mit dem Finger von dem Erdsaft, sodass ich mich erschöpfe und abmühe? Wie wäre es, wenn ich nun mit den Händen den Erdsaft fasste und äße?" Da fasst das Wesen mit den Händen den Erdsaft und isst.

Unter jenen Wesen gibt es welche, die sehen das Wesen jeweils mit den Händen den Erdsaft fassen und essen. Da denken sie sich: „Das ist wirklich schön! Das ist wirklich erfreulich! Wie wäre es, wenn auch wir mit den Händen den Erdsaft fassten und äßen?" Da fassen die Wesen mit den Händen den Erdsaft und essen.

In dem Maße, wie jene Wesen mit den Händen den Erdsaft fassen und essen, ebenso werden ihre Körper immer dicker, immer schwerer und immer fester. Wenn das Licht ihrer Körper der Anfangszeit daraufhin erlischt, entsteht von selbst Finsternis. (MA)

Vasistha! Es ist das Gesetz der Welt, dass nun von selbst Folgendes geschieht: Wenn die Finsternis entsteht, müssen Sonne und Mond entstehen. Nachdem Sonne und Mond entstanden sind, entstehen die Sterne und die Stationen des Tierkreises. Nachdem Sterne und Tierkreisstationen entstanden sind, entstehen

Tag und Nacht. Nachdem Tag und Nacht sich entwickelt haben, gibt es Monate und Halbmonate, es gibt Jahreszeiten und Jahre.

Die Wesen nehmen den Erdsaft zu sich und bleiben lange Zeit in der Welt. (MA)

Vasistha! Die Wesen, die viel von dem Erdsaft essen, die entwickeln eine schlechte Farbe. Die wenig von dem Erdsaft essen, haben eine wunderbare Farbe.

Seitdem kennt man die Farbe, [und weiß, dass] es welche gibt, die [von ihrer Hautfarbe her] überlegen sind, und welche, denen man gleichkommt. Weil es von der Farbe her Überlegene und Unterlegene gibt, gering schätzen und missachten die Wesen einander: „Meine Farbe ist überlegen, deine Farbe kommt ihr nicht gleich." (MA)

Weil [es welche gibt, die sich aufgrund ihrer] Farbe überlegen oder unterlegen [fühlen] und weil Geringschätzung und Missachtung sowie die schlechten Gegebenheiten entstehen, deshalb verschwindet nun der Erdsaft. Nachdem der Erdsaft verschwunden ist, laufen die Wesen zusammen, sie versammeln sich, und überaus traurig weinen und heulen sie und sprechen: „Was ist mit dem Erdsaft? Was ist mit dem Erdsaft?" (...) (MA)

Vasistha! Nachdem der Erdsaft verschwunden ist, erzeugen die Wesen ein Erdfett. Es hat Aussehen, Duft und Geschmack. Wie sieht es aus? Wie frisch entstandene Butter oder auch wie zerlassene Butter aussieht. Wie schmeckt es? Wie Honigwaben schmecken. Sie nehmen dieses Erdfett zu sich und bleiben lange Zeit in der Welt.

Die viel davon essen, deren Aussehen ist grob und hässlich. Die wenig davon essen, deren Aussehen ist gleichsam eine Freude und eine Wohltat. Die Aufrechten entwickeln Hochmut und Missachtung und gering schätzen die Hässlichen und die Armseligen.

Die Hässlichen und die Armseligen entwickeln Neid und Abscheu und hassen die Aufrechten. Darauf streiten die Wesen und erheben Klage gegeneinander. Zu dieser Zeit entsteht dann das Erdfett nicht mehr. (DA)

Danach bringt diese Erde ein „grobes und dickes Erdfett" hervor. Es ist ebenfalls wohlriechend, schön und essbar, doch dem von vorher kommt es nicht gleich. Zu dieser Zeit nehmen die Wesen wiederum davon und essen es, und sie bleiben für eine lange Zeit in der Welt. Die viel davon essen, deren Aussehen wird immer gröber und hässlicher. Die wenig essen, deren Aussehen ist gleichsam eine Freude und Wohltat. Die Aufrechten und die Hässlich-Armseligen geben sich abwechselnd und gegenseitig Widerworte, und dann streiten sie und erheben Klage gegeneinander. Deshalb wächst das Erdfett dann nicht mehr. (DA)

Danach erzeugt diese Erde einen von selbst wachsenden und nicht klebrigen Reis ohne Spreu und ohne Hülsen. Er ist mit Schönheit und Geschmack versehen, duftend, rein, und er ist essbar. (DA)

Zweimal: bei Sonnenaufgang und zur Abenddämmerung, nehmen sie von diesem duftenden Reis, und er allein ist ihre Nahrung. Weil sie den Ursprung [der ganzen Angelegenheit] nicht kennen, essen die Wesen zu jener Zeit in ihrer Gier um die Wette, deshalb wird ihr Körper immer gröber und schwerer.

Dann gibt es den Unterschied bei den beiden Gestalten von Mann und Frau.

Deshalb entwickeln diese Wesen Hass und Liebe zueinander. Aus Hass und Liebe bringen sie einander in Verruf und verunglimpfen sich gegenseitig. Und so entwickeln sie dann allmählich Leidenschaft zueinander. Diese Leidenschaft aber ist die Wurzel der Verfehlungen. (E)

Und weil die Wesen einander in Verruf bringen und sich gegenseitig verunglimpfen, schlagen sie sich gar mit Stücken, Ziegeln und Steinen. (E)

Dann drängen sie sie weg, sie vertreiben sie und verbannen sie aus dem von Menschen bewohnten Gebiet. Erst wenn drei Monate vergangen sind, kehren sie zurück.

Der Buddha belehrte Vasistha: Was einst Unrecht war, das hält man heute für Recht.

Nun: die Wesen wiederholen das Unrecht. Sie geben sich ganz ihren Gefühlen hin und treiben es auf die Spitze, sie lassen ihren Begierden freien Lauf ohne zeitliche Beschränkung. Weil sie sich schämen, bauen sie in der Folge Dächer und Unterkünfte. Seitdem gibt es in der Welt Gemächer und Unterkünfte. (DA)

Sie tändeln und wiederholen das Unrecht. Ausschweifungen und Begierden wachsen immer mehr. Dann gibt es Mutterleib und Leibesfrucht und deshalb unreine Geburt. Seitdem gibt es in der Welt Mutterleib und Leibesfrucht. (DA)

Nun essen jene Wesen den von selbst wachsenden nicht klebrigen Reis. Wie sie davon nehmen, so wächst er wieder nach, er ist unerschöpflich. Nun gibt es unter jenen Wesen einen Faulpelz, der denkt sich insgeheim: „Für das Frühstück morgens davon nehmen, und für das Abendessen abends davon nehmen, das ist mir zu anstrengend. Ich will mir jetzt auf einmal für den ganzen Tag davon nehmen!" So nimmt er sich auf einmal [für einen ganzen Tag]. (DA)

Danach fordern die Gefährten ihn auf, sich mit ihnen gemeinsam von dem Reis zu nehmen. Dieser Mensch aber antwortet ihnen: „Ich habe mir schon auf einmal davon genommen, um mich für einen [ganzen] Tag zu versorgen. Wenn ihr euch davon nehmen wollt, so könnt ihr das alleine tun, wie's euch beliebt!" Da denken sich die Menschen wiederum: „Dieser Mensch ist schlau. Er kann schon im Voraus Vorratswirtschaft betreiben. Wir wollen jetzt ebenfalls Proviant ansammeln, um uns für drei Tage zu versorgen." Und dann speichern die Menschen den übrigen Proviant für drei Tage. (DA)

Erneut kommen andere Wesen und sagen: „Wir können uns gemeinsam von dem Reis nehmen!" Sie antworten: „Wir haben bereits den übrigen Proviant für drei Tage gesammelt. Wenn ihr euch nehmen wollt, dann könnt ihr gehen und euch selbst nehmen!" Jene Menschen wiederum überlegen sich: „Diese Menschen sind schlau. Sie haben bereits den übrigen Proviant gesammelt, um sich für drei Tage zu versorgen. Wir wollen es ihnen nachtun und Proviant ansammeln, um uns für fünf Tage zu versorgen!" Und dann gehen sie und nehmen sich [für fünf Tage]. (DA)

Nachdem nun jene Wesen um die Wette Vorratswirtschaft betrieben haben, da liegt der Reis brach und ist mit Unkraut überwuchert. Mehr und mehr entwickelt er Spreu und Hülsen. Geschnitten, wächst er nicht mehr nach. (DA)

Daraufhin versammeln sich jene Wesen. Überaus traurig weinen und heulen sie und sie sprechen folgendermaßen: „Wir haben schlechte, ungute Gegebenheiten entstehen lassen! Und zwar deshalb, weil wir den Reis aufgespeichert, gezüchtet und über Nacht aufgehoben haben. Und wie ist es dazu gekommen? (MA)

(...) (Die Wesen erinnern sich der ganzen Geschichte bis hierher. Ich verzichte aus Platzgründen hier auf die Wiederholung.)

Die Faulen und die Trägen wetteiferten darin, Vorratswirtschaft zu betreiben. Deshalb lag der Reis brach und ihm wuchsen immer mehr Spreu und Hülsen. Abgeschnitten, wuchs er nicht mehr nach. Was ist jetzt zu tun?" (DA)

Weiterhin sprechen sie zueinander: "Lasst uns gemeinsam den Boden aufteilen und zur Unterscheidung Grenzmarkierungen aufstellen." Und so teilen sie denn den Boden auf und stellen zur Unterscheindung Grenzmarkierungen auf.

Vasistha! Damit fängt es an, dass die Bezeichnungen „Feld" und „Boden" entstehen. Zu jener Zeit zerstückeln die Wesen den Boden und die Felder und setzten jeweils Grenzen und Feldraine fest.

Allmählich denkt einer an Diebstahl und stiehlt die Ernte eines anderen. (DA)

Wenn das andere [bestohlene] Wesen das gesehen hat, dann sagt es: „Was du tust ist falsch! Was du tust, ist falsch! Du hast selber ein Feld, aber nimmst anderen die Sachen weg! Tu das von heute an nie wieder!" (DA)

Aber jenes Wesen hört nicht auf zu stehlen. Das andere Wesen schilt es wieder und wieder und stellt es zur Rede, aber es hört trotzdem nicht damit auf. Da fügt [das bestohlene Wesen] ihm mit der Hand [Schläge] zu und spricht zu den anderen: „Dieser Mensch hat selbst Feld und Korn, aber stiehlt die Sachen von anderen!" Der Dieb wiederum spricht: „Dieser Mensch schlägt mich!" (DA)

Als nun die Menschen die beiden haben streiten sehen, da grämen sie sich, sie sind traurig und freuen sich nicht darüber. Bekümmert und beunruhigt sagen sie: (DA)

„Wir haben schlechte, ungute Gegebenheiten entstehen lassen. Und zwar bestehen die darin, dass wir auf unsere Felder aufpassen müssen. Und warum ist das
so? Weil wir auf unsere Felder aufpassen, deshalb streiten wir miteinander, deshalb kommt es vor, dass wir Reis verlieren, es kommt vor, dass er alle ist, es
kommt vor, dass wir übereinander herziehen, und dass wir uns gegenseitig mit
der Faust verjagen. (MA)

Wie wäre es, wenn wir jetzt jemanden als Herrn einsetzen, damit er darin Ordnung schafft! (DA)

Wer zu schützen ist, den schütze er. Wer zu tadeln ist, den tadle er. Wir alle aber
wollen einen Teil von unserem Reis beisteuern, um ihn damit zu versorgen.
Lasst uns ihn beauftragen, den Streit zu schlichten!" (DA)

Nun wählt die Menge einen aus ihrer Mitte, von stattlichem Körperbau, von auf-
rechter Erscheinung, jemanden, der Majestät und Tugend besitzt, und spricht zu
ihm: „Fungiere du jetzt für uns als Herr des Friedens und der Gerechtigkeit! Wer
zu schützen ist, den schütze. Wer zu tadeln ist, den tadle. Wer zu verbannen ist,
den verbanne. Wir aber wollen gemeinsam Reis sammeln, um als Gegenleistung
dich damit zu versorgen!"

Als nun jener (eine) Mensch die Worte der anderen hört, da willigt er ein, Herr
zu werden und den Streit zu schlichten und zu entscheiden. Die Menschen aber
sammeln gemeinsam Reis und versorgen ihn. (DA)

Der Buddha sprach: „Vasistha! Weil zu dieser Zeit der „Herr der Felder" von
der Menge gebilligt und aufgestellt wird, deshalb heißt er „von der Menge gebil-
ligter Herr der Felder" (mahāsammato). Dieser Ausdruck „Herr der Felder"
führt als Erster unter die Anzahl der Schriftzeichen. Und weil er, was die
Grundstücke angeht, gut die Schutzfunktion ausübt, weil er ihr Herr und Ver-
walter ist, deshalb heißt er „ksatriya". Dieser Ausdruck „ksatriya" fällt als Zweiter unter die Anzahl der Schriftzeichen. Und weil er gut zu der Menge einigende
und beschwichtigende Worte hervorbringen kann, deshalb heißt er „Beschwichtiger". „Beschwichtiger" ist nämlich die eigentliche Bedeutung des Wortes „König". Dieser Ausdruck „König" fällt als Dritter unter die Anzahl der Schriftzeichen. (E)

Zu dieser Zeit stellen sie in der Welt erstmals den [sozialen] Bereich (mandala)
der Ksatriyas auf. (E)

Vasistha, wisse! Obwohl es bei diesen und jenen Arten von Wesen, die gleich
oder anders, dem Dharma entsprechend oder nicht dem Dharma entsprechend
sein mögen, Unterschiede gibt, dennoch entstehen sie einzig und allein aufgrund
des Dharma. [Der Dharma] ist das Oberste und das Beste, er ist das Allerhöchste
und Allergrößte. Einem solchen Dharma entsprechend erscheinen [die Wesen].
Solch ein Dharma ist ihr Ursprung, ihre Entwicklung und das Ziel, zu dem sie
zurückkehren. (E)

114

9.4 Literatur

Ackermann, Rolf (2001): *Pfadabhängigkeit, Institutionen und Regelreform*, Mohr Siebeck, Tübingen

Aoki, Masahiko (2001): *Toward a Comparative Institutional Analysis*, MIT Press, Cambridge, Mass und London, England

Asanga (1992): *Mahāyānasūtrālamkāra*, Sanskrit text translated into English by Surekha Vijay Limaye, Sri Satguru Publications, Delhi

Asanga / Maitreya (2000): *„Buddha Nature" The Mahayana Uttaratantra Shastra*, translated by Rosemarie Fuchs, Snow Lion Publications, Ithaca, New York

Bürgin, Alfred (1993): *Zur Soziogenese der Politischen Ökonomie: wirtschaftsgeschichtliche und dogmenhistorische Betrachtungen*, Metropolis Verlag, Marburg

Coleman, James William (2001): *The New Buddhism: The Western Transformation of an Ancient Tradition*, Oxford University Press, New York 2001

Daiber, Karl-Fritz (1995): *Religion unter den Bedingungen der Moderne: die Situation in der Bundesrepublik Deutschland*, diagonal-Verlag, Marburg

Dalai Lama (2000): *Das Buch der Menschlichkeit – Eine neue Ethik für unsere Zeit*, Bastei Lübbe, Bergisch Gladbach

Dalai Lama (1999): *Einführung in den Buddhismus – Die Harvard-Vorlesungen*, Verlag Herder, Freiburg i. Br.

Das, Lama Surya (1999): *Der Achtfache Pfad: Lehrbuch zur Erleuchtung*, Wolfgang Krüger Verlag, Frankfurt am Main

Dilgo Khyentse Rinpoche (1994): *Das Herzjuwel der Erleuchteten*, Grundtext von Patrul Rinpoche, Kommentar von Dilgo Khyentse Rinpoche, Theseus Verlag, Berlin

Dreyfus, Georges (1995): *Meditation as Ethical Activity*, in: Journal of Buddhist Ethics, Volume II, http://jbe.gold.ac.uk/index.html

Edwards, David (1998): *The Compassionate Revolution: Radical Politics and Buddhism*, Green Books, Devon

Ehrhard, Franz-Karl & Fischer-Schreiber, Ingrid (1995): *Das Lexikon des Buddhismus*, Wilhelm Goldmann Verlag, München

Fenn, Mavis (1996): *Two Notions of Poverty in the Paali Canon*, in: Journal of Buddhist Ethics, Vol. 3, http://jbe.gold.ac.uk/index.html

Frank, Robert H. (1994): *Microeconomics and Behavior*, International Edition, McGraw-Hill, New York

Frauwallner, Erich (1969): *Die Philosophie des Buddhismus*, Akademie-Verlag, Berlin

Frey, Bruno S. & Kirchgässner, Gebhard (1994): *Demokratische Wirtschaftspolitik: Theorie und Anwendung*, Verlag Franz Vahlen, München

Frey, Bruno S. & Stutzer, Alois (2002): *Happiness and Economics – How the Economy and Institutions Affect Well-Being*, Princeton University Press, Princeton and Oxford

Fritsch-Oppermann, Sybille (Hrg.) (1999): *Religionen und Wirtschaftsethik – Wirtschaftsethik in den Religionen – Der Einfluss von Christentum, Judentum und Islam auf die Konzep-*

tion moderner wirtschaftsethischer Entwürfe: Ein länderübergreifender Vergleich, Loccumer Protokolle 15/98, Evangelische Akademie Loccum, Loccum

Gampopa (1996): *Der kostbare Schmuck der Befreiung von Dschetsün Gampopa*, Theseus Verlag, Berlin

Govinda, Lama Anagarika (1992): *Die Dynamik des Geistes: Die psychologische Haltung der frühbuddhistischen Philosophie und ihre systematische Darstellung nach der Tradition des Abhidhamma*, Otto Wilhelm Barth Verlag, Bern, München, Wien

Grätzel, Stephan & Kreiner, Armin (1999): *Religionsphilosophie*, Metzler, Stuttgart

Green, Ronald M. (1990): "*Buddhist Economic Ethics: A Theoretical Approach*", in Sizemore, Russell F. and Swearer, Donald K.: "*Ethics, Wealth and Salvation – A study in Buddhist Social Ethics*", S. 215 - 235

Gunkel, Horst (Hrsg.) (2000): *Buddhismus und Wirtschaft*, ÖkoBüro Hanau, ISBN: 3-921697-02-6

Hayek, F.A. (1968/1969): *Wettbewerb als Entdeckungsverfahren*, , in: ders. *Freiburger Studien – Gesammelte Aufsätze*, Tübingen 1969; J:C.B. Mohr (Paul Siebeck), S. 249-265

Hershock, Peter D. (1999): *Changing the way Society Changes: Transposing Social Activism into a Dramatic Key*, in: Journal of Buddhist Ethics, Volume 6, http://jbe.gold.ac.uk/index.html

Hookham, S. K. (1991): *The Buddha Within: Tathagatagarbha Doctrine According to the Shentong Interpretation of the Ratnagotravibhaga*, State University of New York Press, New York

Huxley, Andrew (1999): *Buddhist Case Law on Theft: the viniitavatthu on the second paaraajika*, in: Journal of Buddhist Ethics, Vol. 6, http://jbe.gold.ac.uk/index.html

Iannaccone, Laurence R. (1997): *Rational Choice: Framework for the Scientific Study of Religion*, Routledge, New York

Ihara, Craig K. (1998): *Why there are no rights in Buddhism: a reply to Damien Keown*, in: Keown, Prebish, Husted (eds.): *Buddhism and Human Rights*, Curzon Press, Richmond, Surrey

Jamgon Kongtrul (1996): *Der große Pfad des Erwachens: ein Kommentar zu der Mahayana-Lehre der Sieben Punkte der Geistesübung*, übersetzt aus dem Tibetischen von Ken McLeod, Theseus Verlag, Berlin

Journal of Buddhist Ethics, Online Journal: http://jbe.gold.ac.uk/index.html

Karpe, Jan (1997): *Institutionen und Freiheit – Grundlegende Elemente moderner Ökonomik*, LIT Verlag, Münster

Karwath, Walter (1985): *Synarchie: Buddhistische Alternativen für Staat und Wirtschaft*, Octopus Verlag, Wien

Kasper, Wolfgang & Streit, Manfred E. (1998): *Institutional Economics: social order and public policy*, Edward Elgar Publishing, Cheltenham and Northhampton

Kehrer, Günter (1988): *Einführung in die Religionssoziologie*, Wiss. Buchges., Darmstadt

Keown, Damien V. / Prebish, Husted (Eds.) (1998): *Buddhism and Human Rights*, Curzon Press, Richmond, Surrey

Liegl, Werner (2000): *Rechter Lebenserwerb* in: Gunkel, Horst (Hrsg.): *Buddhismus und Wirtschaft*, ÖkoBüro Hanau, S. 52-74

Lovin, Robin W. (1990): *Ethics, Wealth and Eschatology*, in: Sizemore, R.F. / Swearer, D.K. (eds.): *Ethics, Wealth and Salvation – A study in Buddhist Social Ethics*, University of South Carolina Press, Columbia, S. 190-208

Loy, David (2000): *Können Konzerne Erleuchtung erlangen?* In: Gunkel, Horst (Hrsg.): *Buddhismus und Wirtschaft*, ÖkoBüro Hanau, S. 13-22

North, Douglass C. (1992): *Institutionen, institutioneller Wandel und Wirtschaftsleistung*; Mohr Siebeck, Tübingen

Notz, Klaus-Josef (1998): *Das Lexikon des Buddhismus: Grundbegriffe, Traditionen, Praxis*, 2 Bände, Verlag Herder, Freiburg i. Br.

Nydahl, Ole (1998): *Das große Siegel – Raum und Freude grenzenlos – Die Mahamudra-Sichtweise des Diamantweg-Buddhismus*, Joy Verlag, Sulzberg

Nydahl, Ole (1995): *Ngöndro – Die Vorbereitungen auf dem Mahamudra-Weg*, Marpa Verlag, Wien

Nydahl, Ole (1994): *Wie die Dinge sind – Eine zeitgemäße Einführung in die Lehre Buddhas*, Joy Verlag, Sulzberg

Meisig, Konrad (1998): *Das Sūtra von den vier Ständen: Das Aggañña-Sutta im Licht seiner chinesischen Parallelen*, Otto Harrassowitz, Wiesbaden

Mipham, Jamgön Rinpoche (1997 und 2000): *Gateway to Knowledge: the treatise entitled The Gate for Entering the Way of a Pandita*, Vol. I and II, translated from the Tibetan by Erik Pema Kunsang (Erik Hein Schmidt), Rangjung Yeshe Publications, Hong Kong

Payutto, P. A. (1999): *Buddhistische Ökonomie – Mit der rechten Absicht zu Wohlstand und Glück*, Fischer Media, Bern

Poller, Helmut (1997): *Bereichernde Aktivitäten: Tibetisches Vajrayana und wirtschaftliche Tätigkeit*, in: Ursache & Wirkung, Heft 23, www.ursache.at

Priddat, Birger P. (Hrsg.) (1988): *Ökonomie und Ethik*, Diskussionsbeiträge und Berichte Nr. 41 aus dem Institut für politische Wissenschaft, Universität Hamburg,

Priddat, Birger P. (2000): *Moral Hybrids – Skizze zu einer Theorie moralischen Konsums*, zfwu – Zeitschrift für Wirtschafts- und Unternehmensethik, Jahrgang 1, Ausgabe 2, S. 128-151

Priddat, Birger P. (1996): *Die Zeit der Institutionen – Regelverhalten und rational choice*, in: Priddat, B.P./Wegner, G. (Hrsg.): *Zwischen Evolution und Institution – Neue Ansätze in der ökonomischen Theorie*, Marburg, Metropolis Verlag, S. 11-34.

Priddat, Birger P. (1995a): *Eine andere Ökonomie – eine neue Einschätzung von Gustav Schmollers Versuch einer "ethisch-historischen" Nationalökonomie im 19. Jahrhundert*; Marburg, Metropolis Verlag.

Rajavaramuni, Phra (1990): *Foundations of Buddhist Social Ethics*, in: Sizemore, R. F./Swearer, D. K. (eds.): *Ethics, Wealth and Salvation: a study in Buddhist social ethics*, University of South Carolina Press, S. 29 – 54.

Reynolds, Frank E. (1990): *Ethics and Wealth in Theravada Buddhism – A Study in Comparative Religious Ethics*, in: Sizemore, R.F. & Swearer, D. K. (eds.): *Ethics, Wealth and Salvation: a study in Buddhist social ethics*, University of South Carolina Press, S. 59-86.

Richter, Rudolf & Furubotn, Eirik G. (1999): *Neue Institutionenökonomik: eine Einführung und kritische Würdigung*, Mohr Siebeck, Tübingen

Rodrik, Dani (2000): *Governance of Economic Globalization*, in: J.S. Nye Jr./ J.D. Donahue (eds.): *Governance in a Globalising World*, Washington D.C., Brookings Institution Press, S. 347-365

Saeverin, Peter (2004): *Transcendence matters!: Institutioneller Wandel in der Hindu-Welt als transitionale Verschränkung von globalem Wettbewerb und lokalem Nicht-Wettbewerb (Dharma)*, Metropolis-Verlag, Marburg

Schlicht, Ekkehard (1998): *On Custom in the Economy*, Oxford Clarendon Press

Seegers, Manfred (2002): *Wissen über Meditation – Sichtweise und Meditation im Diamantweg-Buddhismus*, Joy Verlag, Sulzberg 2002,

Shamar, Künzig Rinpoche (2001): *Sieben Punkte zur Meditation*, in: Buddhismus heute, Nr. 33, S. 7–13, www.buddhismus-heute.de

Shantideva, 7th cent. (1997): *A guide to the bodhisattva way of life: Bodhicaryāvatāra*, translated from Sanskrit and Tibetan by Vesna A. Wallace and B. Alan Wallace, Snow Lion Publications, Ithaca, NY

Sizemore, Russel F. & Swearer, Donald K. (eds.) (1990): *Ethics, Wealth and Salvation: a study in Buddhist social ethics*, University of South Carolina Press, Columbia

Stenmark, Mikael (1994): *Rationality in science, religion, and everyday life: a critical evaluation of four models of rationality*, Notre Dame, Ind.: University of Notre Dame Press

Streit, Manfred E.; Mummert, Uwe und Kiwit, Daniel (Eds.) (2000): *Cognition, Rationality, and Institutions*, Springer-Verlag, Berlin Heidelberg New York

Strong, John S. (1990): *Rich man, poor man, Bhikkhu, King: Ashoka's Great Quinquennial Festival and the Nature of Dana*, in: Sizemore, R.F. / Swearer, D.K. (eds.): *Ethics, Wealth and Salvation – A study in Buddhist Social Ethics*, University of South Carolina Press, Columbia, S. 107-123

Weber, Max (1921): *Gesammelte Aufsätze zur Religionssoziologie: Band 2 Hinduismus und Buddhismus*, J. C. B. Mohr (Paul Siebeck), Tübingen

Wagner, Hans-Günter (2000): *Buddhistische Wirtschaftslehre*, in: Gunkel, Horst (Hrg.): *Buddhismus und Wirtschaft*, ÖkoBüro Hanau, S. 5-12

Wieland, Josef (1999): *Die Ethik der Governance*, Metropolis, Marburg, 1999

Wint, Guy (1965): *Asia: A Handbook*, Anthony Blond Ltd., London

Zinser, Helmut (1997): *Der Markt der Religionen*, Wilhelm Fink Verlag, München

Wissenschaftliche Paperbacks
Wirtschaftswissenschaft

Walter Eucken
Wirtschaftsmacht und Wirtschaftsordnung
Londoner Vorträge zur Wirtschaftspolitik
und zwei Beiträge zur Antimonopolpolitik.
Herausgegeben vom Walter-Eucken-Archiv.
Mit einem Nachwort von Walter Oswalt
Der Hauptteil dieses Buches besteht aus Walter
Euckens letztem Werk: seinen Londoner Vor-
lesungen zur Wirtschaftspolitik (1950). Dazu
kommen zwei bisher in Deutschland unveröffent-
lichte Beiträge zur Antimonopolpolitik (1947), in
denen Eucken seine ordnungspolitisches Konzept
auf den Punkt bringt: "Es sind also nicht die
sogenannten Missbräuche wirtschaftlicher Macht
zu bekämpfen, sondern wirtschaftliche Macht
selbst" Walter Eucken, der als einer der wichtigsten Ökonomen des zwanzigsten Jahrhundert gilt,
zeigt als "Radikalliberaler" (Süddeutsche Zeitung)
eine konsequente Alternative zum herrschenden
Neoliberalismus.
In einem ergänzenden Essay weist Walter Oswalt – an Hand von zum Teil unbekannten
Dokumenten – nach, wie unter dem Etikett "Soziale Marktwirtschaft" Euckens Ordoliberalismus
seit Ludwig Erhard für eine freiheitsfeindliche
Politik missbraucht wurde. Dabei wird die Aktua-
lität der euckenschen Konzeption im Zeitalter der
Globalisierung sichtbar.
Bd. 1, 2001, 160 S., 17,90 €, br., ISBN 3-8258-4804-3

Wirtschaft: Forschung und Wissenschaft

Aloys Prinz; Albert Steenge;
Alexander Vogel (Hg.)
Neue Institutionenökonomik: Anwendung auf Religion, Banken und Fußball
Bd. 1, 2001, 288 S., 20,90 €, br., ISBN 3-8258-5360-8

Aloys Prinz; Albert Stenge;
Alexander Vogel (Hg.)
Agglomeration, Population und Koordination in Europa
Agglomeration, Population and Coordination
in Europe
Bd. 2, 2002, 216 S., 20,90 €, br., ISBN 3-8258-6045-0

Aloys Prinz; Albert E. Steenge;
Alexander Vogel (Hg.)
Grenzüberschreitende Wirtschafts- und Finanzpolitik
Public Policy across Borders
Bd. 3, 2003, 240 S., 19,90 €, br., ISBN 3-8258-6902-4

Eberhard Bohne (Hg.)
Neubestimmung ordnungspolitischer Aufgaben des Staates im Strommarkt
Bd. 4, 2003, 216 S., 34,90 €, br., ISBN 3-8258-7072-3

Jürgen G. Backhaus; Wim Heijmann;
Andries Nentjes; Johan van Ophem (Eds.)
Economic Policy in an Orderly Framework
Liber Amicorum for Gerrit Meijer
Bd. 5, 2003, 496 S., 39,90 €, br., ISBN 3-8258-7184-3

Hans Gerwin Burgbacher
Migrantenunternehmer
Existenzgründung und -förderung am
Beispiel Hamburgs
Existenzgründungen von Migranten haben in den
90ger Jahren zugenommen. Während über die
ausländische Wohn- und Arbeitsbevölkerung viel
Material vorliegt, gibt es noch wenig Wissen über
Migrantengründungen.
*Welche Qualifikationsmerkmale bringen ausländi-
sche Existenzgründer mit?*
*Wo besteht Beratungsbedarf und wie wird er
befriedigt?*
Wie sieht die Finanzierungstruktur aus?
Nutzen die Unternehmen öffentliche Fördermittel?
Die vorliegende Untersuchung versucht dazu
empirische Antworten zu geben.
Bd. 6, 2004, 64 S., 9,90 €, br., ISBN 3-8258-7315-3

Volkswirtschaft

Michael Getzner
Regionale Wirtschaftsförderung und ökologische Nachhaltigkeit
Umweltrelevanz der Wirtschaftsförderung des
Bundeslandes Salzburg und Vorschläge für
ein nachhaltiges Förderinstrumentarium
Die regionalen und lokalen wirtschafts- und
umweltpolitischen Entscheidungsträger/innen
spielen eine wesentliche Rolle in vielen Nachhal-
tigkeitskonzepten, aber auch in den politischen
Beschlüssen der Europäischen Union. Neben der
Agenda 21 sind insbesondere die Strategie einer
nachhaltigen Entwicklung und die Integration
von Nachhaltigkeit als Querschnittsmaterie in
alle Politikbereiche zu nennen. Das vorliegende
Buch untersucht diese Integration in die Instrumente der regionalen Wirtschaftsförderung und
macht Vorschläge zur Berücksichtigung ökologi-
scher Kriterien und Strategien in der regionalen
Wirtschafts- und Förderpolitik.
Bd. 1, 2003, 168 S., 24,90 €, br., ISBN 3-8258-7303-x

LIT Verlag Münster – Hamburg – Berlin – Wien – London
Grevener Str./Fresnostr. 2 48159 Münster
Tel.: 0251 – 23 50 91 – Fax: 0251 – 23 19 72
e-Mail: vertrieb@lit-verlag.de – http://www.lit-verlag.de